メインのおかずは10種類だけ！

らく弁

上島亜紀

メインのおかずは10種類でいい！

幼稚園時代の小さくてかわいらしいお弁当、小学校のサッカー弁当に塾弁、中学・高校の男子弁当、まさかの大学時代の運動部弁当…。改めて考えると、息子のお弁当を20年以上作ってきました。

いろいろなお弁当を作りましたが、共通して願っていたのは、お昼ごはんは、楽しい気持ちでお腹を満たしてほしいということ（これは私からのエール）。帰ってきたら、お弁当箱が空っぽであること（こちらは、息子からのエール）。

本来ならば楽しいお弁当生活が、「あれもこれも作らなきゃ」「栄養が～」と、朝早くから奮闘しすぎて、どんどん負担になってはいないでしょうか…？お弁当は一日の中のたったの1食で、足りないものはお夕飯や朝ごはんで補えばいいと思うのです。大切なのは、お腹と気持ちを満足させてあげること。

例えば、みんなが好きなから揚げに、きれいな黄色でほんのり甘い卵焼き、箸休めのブロッコリー、そして、ごはんとちょっとしたふりかけ的なもの。これで十分なのではないかな、と思います。

この本でご紹介しているお弁当は、メインのおかずは10種類だけ。息子に人気だったおかずを思い浮かべたら、食べ慣れたこの10種類となりました。あとは卵焼きかオムレツ、味玉などの卵のおかずと、野菜は切ってあえるか、電子レンジで加熱するだけ。それでも朝作りたてのおかずを入れたお弁当、ことに普段から慣れ親しんだおかずの味は、抜群においしいものです。

この本でみなさんのお弁当生活が、ラクに、楽しく、おいしくなりますように。そして、お子さん、旦那さん、奥さん（これもすてき！）、ご自分のためのお弁当作りに活用していただけたら、こんなにうれしいことはありません。

上島亜紀

① メインのおかずは、10種類だけ！

主菜は、食べ慣れた定番のおかずがいちばん。しょうが焼き、鶏の照り焼き、から揚げ、ハンバーグ、つくね、ポークソテー…。味つけさえ変えれば、なじみのあるこれらのおかずのくり返しでも、飽きることはありません。

② 副菜には、必ず卵のおかず

色みもきれいで、ふんわりおいしい卵のおかずは、お弁当には欠かせません。卵焼きは、具材を変えれば何通りにも。オムレツや味玉も、味つけ次第でバラエティ豊かなおかずになります。

③ 野菜のおかずは、レンチンで

野菜のおかずは、少量なので電子レンジ加熱でさっと作ります。または、切って混ぜるだけの簡単あえものや浅漬けに。これなら、忙しい朝でもラクに作れます。

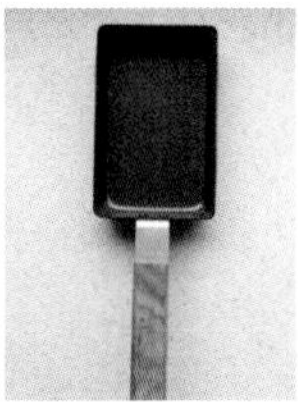

●お弁当作りにおすすめの道具

フライパンは、直径18cmのやや小さめのフッ素樹脂加工のもの。卵焼き器は、卵1個でもふっくらとした卵焼きが作れる15×10cmサイズ（写真はambaiの鉄製のもの）。野菜のおかずを電子レンジ加熱する時に使っている耐熱ボウルは、直径12cmくらいの小さめサイズが便利です。

もくじ

【この本での約束ごと】

- 大さじ1は15mℓ、小さじ1は5mℓ。ひとつまみとは、親指、ひとさし指、中指の3本で軽くつまんだ量のことです。
- 塩は精製されていないもの、黒こしょうは粗びき黒こしょう、オリーブ油はエキストラ・バージン・オリーブオイルを使っています。
- フライパンは、フッ素樹脂加工のものを使っています。
- 電子レンジの加熱時間は、600Wのものを基準にしています。500Wの場合は、1.2倍の時間を目安にしてください。機種によっては、多少差が出ることもあります。
- 材料の分量は、中高生～大人のお弁当1人分です。お弁当箱は約600mℓのものを使っています。

1 豚のしょうが焼き弁当①

定番のしょうが焼きは、先にたれに玉ねぎの薄切りを混ぜるのがポイント。
玉ねぎのうまみ、甘みが加わっておいしく、肉への味のからみもよくなります。
卵焼きは片栗粉とはちみつを加えると、冷めてもしっとり、やわらかなままです。

豚のしょうが焼き弁当②

コチュジャンで味つけしたパンチのあるしょうが焼きに、ピーナッツを加えて、
食感と香ばしさをプラスしました。ナッツは、ミックスナッツやアーモンドでも。
ウインナ炒めのウインナは、ごく薄切りにして野菜にうまみを与えます。

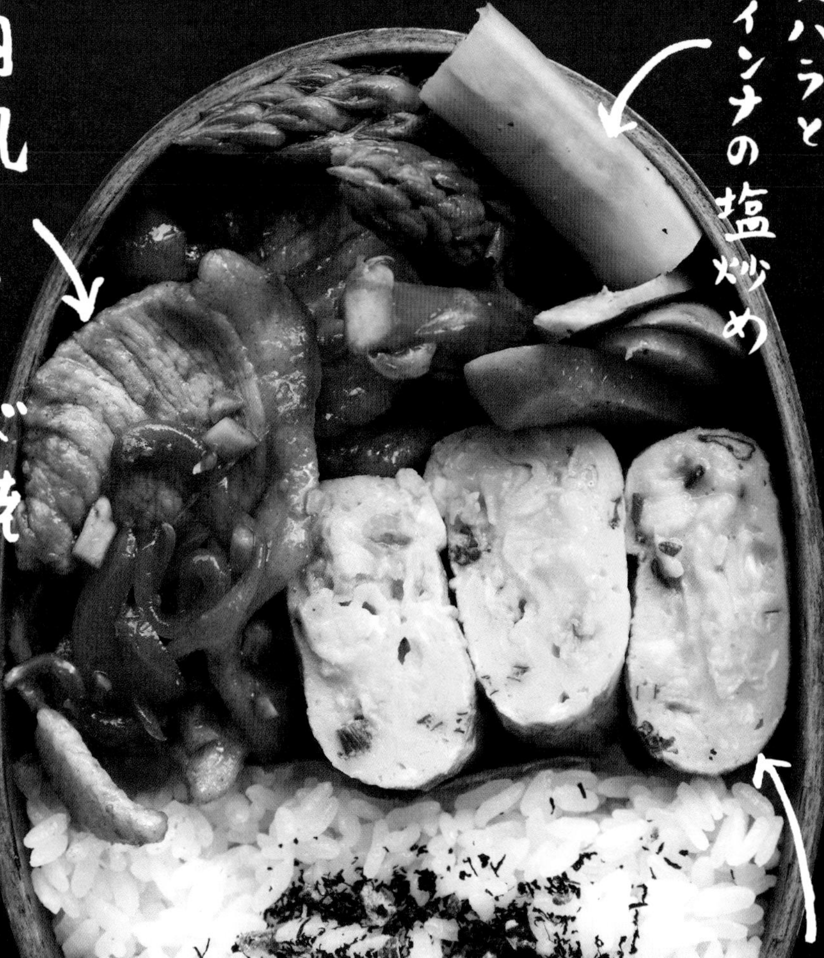

豚のしょうが焼き

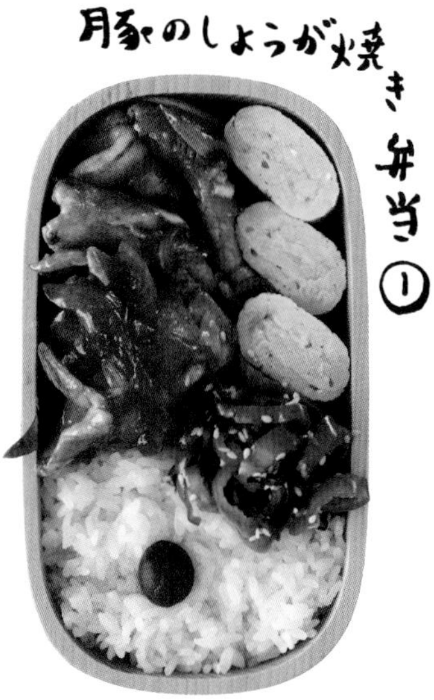

●材料（1人分）

豚ロース薄切り肉（長さを半分に切る）… 4枚（100g）
片栗粉 … 小さじ½
A　玉ねぎ（薄切り）… ¼個
　　しょうが（すりおろす）… 小さじ½
　　しょうゆ、はちみつ … 各大さじ1
サラダ油 … 小さじ1

① Aは混ぜておく。

② 豚肉は片栗粉をまぶし、
サラダ油を熱したフライパンで
中火で両面の色が変わるまで焼き、
Aを加えて強めの中火で
汁けがなくなるまで炒める。

ポイント

玉ねぎは先にたれに混ぜ、うまみと甘みを移すのがコツ。玉ねぎの水分も抜けて火の通りが早くなり、時間短縮にもつながる。

厚焼き卵

●材料（1人分）

卵 … 1個
A　片栗粉 … 小さじ½
　　水 … 大さじ1
　　はちみつ … 大さじ½
　　塩 … ひとつまみ
サラダ油 … 小さじ1

① ボウルにAを順に混ぜ、
卵を加えてよく溶きほぐす。

② 卵焼き器にサラダ油を熱し、
❶を入れて中火で大きく混ぜながら
ゆるいスクランブルエッグ状にし（a）、
底が固まったら手前に3回巻き（b）、
形を整えながら弱火で片面1分ずつ焼く。
あれば巻きすで巻いて形を整え（c）、
5分おいて3等分に切る。

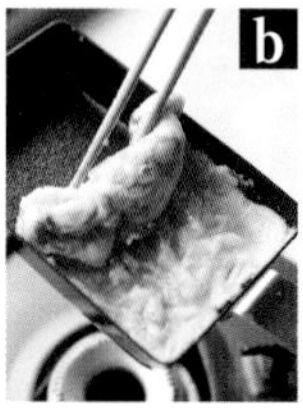

ピーマンの塩昆布ごまあえ

●材料（1人分）

ピーマン（横7mm幅に切る）… 1個
A　塩昆布 … 大さじ1弱
　　白いりごま … 小さじ½

① 耐熱ボウルに
ピーマンを入れ、
ラップをふんわりかけて
電子レンジで30秒加熱し、
Aを混ぜる。

＊ごはんにカリカリ梅を
のせる

豚のしょうが焼き弁当②

韓国風しょうが焼き

●材料（1人分）

豚ロース薄切り肉（長さを半分に切る）…4枚（100g）
片栗粉…小さじ½
A｜玉ねぎ（薄切り）…¼個
　｜しょうが（すりおろす）…小さじ½
　｜コチュジャン…大さじ½
　｜しょうゆ…小さじ2
バターピーナッツ（粗く砕く）…大さじ1＊
ごま油…小さじ1
＊ミックスナッツ、アーモンドでもいい

① Aは混ぜておく。

② 豚肉は片栗粉をまぶし、
ごま油を熱したフライパンで中火で
両面の色が変わるまで焼き、Aを加えて
強めの中火で汁けがなくなるまで炒める。
ピーナッツを加え、全体にからめる。

ねぎ塩卵焼き

●材料（1人分）

卵…1個
A｜片栗粉…小さじ½
　｜水…大さじ1
　｜塩…ひとつまみ
万能ねぎ（小口切り）…1本
ごま油…小さじ1

① ボウルにAを混ぜ、卵を加えて
溶きほぐし、万能ねぎを混ぜる。

② 卵焼き器にごま油を熱し、
❶を入れて中火で混ぜながら
ゆるいスクランブルエッグ状にし、
底が固まったら手前に3回巻き、
形を整えながら弱火で片面1分ずつ焼く。
あれば巻きすで形を整え、3等分に切る。

アスパラとウインナの塩炒め

●材料（1人分）

A｜グリーンアスパラ（下のかたい皮をむき、
　｜4～5等分に切る）…2本（50g）
　｜オリーブ油…小さじ1
　｜黒こしょう…少々
ウインナ（斜め薄切り）…1本
塩…ひとつまみ

① 耐熱ボウルにAを混ぜ、
ウインナをのせ、
ラップをふんわりかけて
電子レンジで1分加熱し、
塩で味を調える。

＊ごはんにゆかりをふる

しょうが焼きバリエ

●作り方(共通)

① Aは混ぜておく。

② 豚肉は片栗粉をまぶし、油を熱したフライパンで中火で両面の色が変わるまで焼き、Aを加えて強めの中火で汁けがなくなるまで炒める。

ごまみそしょうが焼き

豚肉と相性抜群のみそだれに、ごまの香ばしさを加えて。

●材料(1人分)

豚ロース薄切り肉(長さを半分に切る)…4枚(100g)
片栗粉…小さじ½
A | 玉ねぎ(薄切り)…¼個
　| しょうが(すりおろす)…小さじ½
　| みそ、しょうゆ、みりん…各大さじ½
　| 白いりごま…小さじ1
サラダ油…小さじ1

オイスターしょうが焼き

うまみ十分のオイスターソースをからめ、一気に中華風に。

●材料(1人分)

豚ロース薄切り肉(長さを半分に切る)…4枚(100g)
片栗粉…小さじ½
A | 玉ねぎ(薄切り)…¼個
　| しょうが(すりおろす)…小さじ½
　| オイスターソース…小さじ2
　| しょうゆ…小さじ1
ごま油…小さじ1

梅しそしょうが焼き

梅と青じそでさっぱりと。みりんで甘みをきかせます。

●材料(1人分)

豚ロース薄切り肉(長さを半分に切る)…4枚(100g)
片栗粉…小さじ½
A | 玉ねぎ(薄切り)…¼個
　| しょうが(すりおろす)…小さじ½
　| 梅干し(種を除き、たたく)…1個
　| みりん…大さじ½
　| しょうゆ…小さじ2
サラダ油…小さじ1
青じそ(せん切り)…1枚
★冷めたら青じそを混ぜる

豚のしょうが焼き弁当③

濃厚なみそ味のしょうが焼きは、しょうゆを少し加えることで食べやすくなります。桜えびの卵焼きは、先に電子レンジ加熱してしょうがを加え、冷めてもおいしく。ブロッコリーは塩ゆでが定番ですが、ごま油であえるだけで目先が変わります。

＊ごはんに青菜ふりかけをふる

2 鶏の照り焼き弁当①

鶏肉は焼きつけず、たれで煮ることで、冷めた時にかたくなるのを防ぎます。
最後に強火で皮目に焼き色をつければ、香ばしさも満点！　卵焼きには、
紅しょうがを加えてあと味さっぱりと。きゅうりはたたき、味しみをよくします。

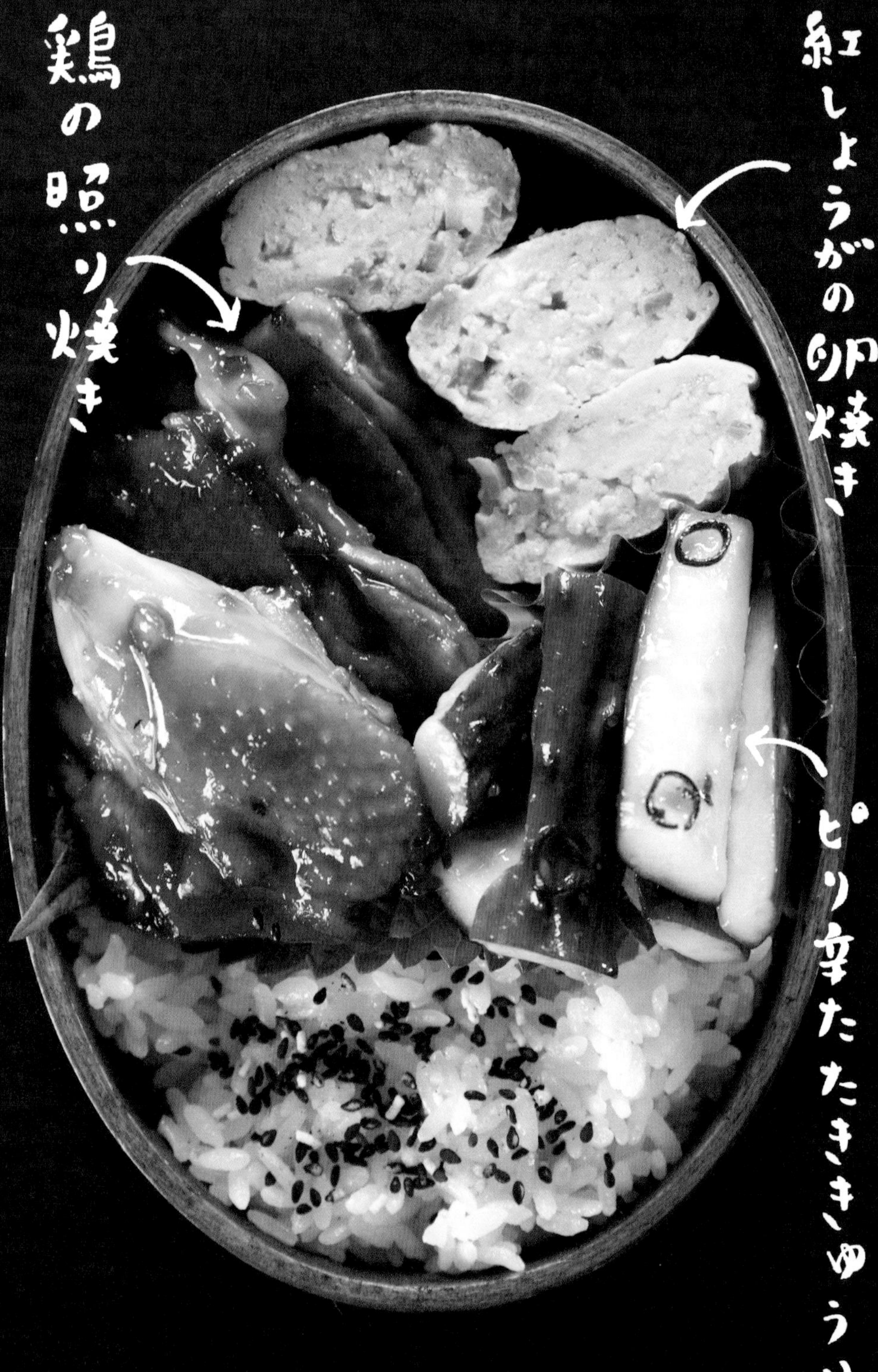

淡泊な鶏むね肉は、片栗粉をまぶして先に焼き色をつけてから煮ることで、
しっとりとした食感に。ゆずこしょう風味の塩照り焼きで、あと味はさっぱりです。
卵焼きは青のりをふわりと香らせ、アスパラにはごまのコクがたっぷり。

鶏の照り焼き弁当②

鶏の照り焼き

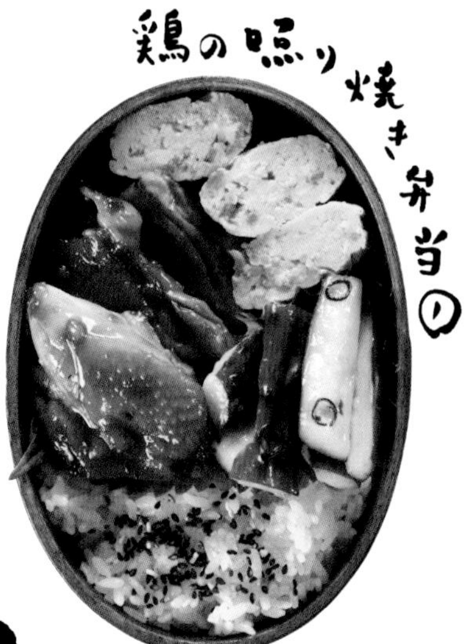

●材料（1人分）

鶏もも肉（厚みを均一にし、3等分に切って水けをふく）…½枚（150g）

A ｜ 砂糖、みりん … 各大さじ½
｜ しょうゆ … 小さじ2
｜ しょうが（すりおろす）… 小さじ½＊
｜ 水 … 大さじ2

＊または、しょうがの皮1かけ分

① フライパンにAを煮立たせ、鶏肉を皮目から入れてふたをし、途中で1～2回返しながら弱火で5～6分煮る。

② ふたをとり、皮目を下にして強火でたれをからめる。

ポイント

鶏肉は焼きつけずにたれで煮ることで、冷めてもやわらかく仕上がる。最後に強火でたれをからめ、照りを出してぐっとおいしそうに。

紅しょうがの卵焼き

●材料（1人分）

卵 … 1個

A ｜ 片栗粉 … 小さじ½
｜ 水 … 大さじ1
｜ はちみつ … 大さじ½
｜ 塩 … 少々

紅しょうが（粗く刻む）… 大さじ1

サラダ油 … 小さじ1

① ボウルにAを順に混ぜ、卵を加えて溶きほぐし、紅しょうがを混ぜる。

② 卵焼き器にサラダ油を熱し、❶を入れて中火で混ぜながらゆるいスクランブルエッグ状にし、底が固まったら手前に3回巻き、形を整えながら弱火で片面1分ずつ焼く。あれば巻きすで形を整え、3等分に切る。

ピリ辛たたききゅうり

●材料（1人分）

きゅうり（縦横半分に切る）… ½本

A ｜ しょうゆ … 小さじ1
｜ 砂糖、ごま油 … 各小さじ½
｜ 赤唐辛子（小口切り）… ¼本

① きゅうりはポリ袋に入れ、底が平らな容器（小さめのガラスボウルなど）でたたき、Aを加えて軽くもみ、10分おく。

＊ごはんにごま塩をふる

鶏の照り焼き弁当②

ゆずこしょう照り焼き

●材料(1人分)

鶏むね肉(厚みを均一にし、3等分に切って水けをふく)…½枚(150g)
塩…小さじ¼
片栗粉…小さじ1
A | みりん…大さじ1
　| ゆずこしょう…小さじ½
　| 水…大さじ2
ごま油…小さじ1

① 鶏肉は塩をふって片栗粉をまぶし、ごま油を熱したフライパンで強めの中火で皮目に焼き色をつける。裏返して色が変わったらAを加え、ふたをして弱火で5〜6分煮る(途中で1〜2回返す)。

② ふたをとり、皮目を下にして強火でたれをからめる。

青のりの卵焼き

●材料(1人分)

卵…1個
A | 片栗粉…小さじ½
　| 水…大さじ1
　| はちみつ…大さじ½
　| 塩…ひとつまみ
青のり…小さじ½
サラダ油…小さじ1

① ボウルにAを順に混ぜ、卵を加えて溶きほぐし、青のりを混ぜる。

② 卵焼き器にサラダ油を熱し、❶を入れて中火で混ぜながらゆるいスクランブルエッグ状にし、底が固まったら手前に3回巻き、形を整えながら弱火で片面1分ずつ焼く。あれば巻きすで形を整え、3等分に切る。

アスパラのごまあえ

●材料(1人分)

グリーンアスパラ(下のかたい皮をむき、4〜5等分に切る)…2本(50g)
A | 白すりごま…大さじ1
　| しょうゆ…小さじ1強
　| 砂糖…小さじ1

① 耐熱ボウルにアスパラを入れ、ラップをふんわりかけて電子レンジで1分加熱し、水けをきってAを混ぜる。

＊ごはんに梅干しとしそをのせる

●作り方（共通）

① フライパンにAを煮立たせ、
鶏肉を皮目から入れてふたをし、
途中で1～2回返しながら弱火で5～6分煮る。

② ふたをとり、皮目を下にして強火でたれをからめる。

照り焼きバリエ

オイスター照り焼き

オイスターソースで中華風。赤唐辛子の辛みがアクセント。

●材料（1人分）

鶏もも肉（厚みを均一にし、3等分に切って水けをふく）
… ½枚（150g）

A | オイスターソース、みりん … 各大さじ½
しょうゆ … 小さじ½
水 … 大さじ2
赤唐辛子（小口切り）… ⅓本

マヨポン照り焼き

大人も子どもも好きな味。マヨで冷めてもおいしいまま。

●材料（1人分）

鶏もも肉（厚みを均一にし、3等分に切って水けをふく）
… ½枚（150g）

A | ポン酢じょうゆ … 大さじ1½
マヨネーズ … 大さじ1
水 … 大さじ2

ローストチキン風

バジルが香るチキンは、仕上げのバターでコクをアップ。

●材料（1人分）

鶏もも肉（厚みを均一にし、3等分に切って水けをふく）
… ½枚（150g）

A | 塩、バジル（ドライ）… 各小さじ¼
酒 … 大さじ1
水 … 大さじ2

バター … 小さじ1
★最後にバターをからめる

鶏の照り焼き弁当③

オイスターソースで味つけした照り焼きは、濃厚な甘辛味でごはんにぴったり。
味玉は、シナモン入りで台湾風の味わい。卵の水けをしっかりふくと、
短時間で味がしみます。小松菜にはえのきのうまみを加え、箸休めに。

オイスター照り焼き
（作り方は右ページ）

小松菜とえのきのからしじょうゆあえ
（作り方はp86へ）

台湾風味玉
（作り方はp81へ）

＊ごはんに白いりごまをふる

3 鶏のつくね弁当①

余分なつなぎを入れないつくねは、手軽でいて肉感たっぷり、食べごたえ十分。練るとかたくなるので、よく混ぜるだけでOKです。甘辛だれがおいしいので、ごはんにのせるようにして詰めて。卵焼きには、明太子の辛みをきかせます。

つくねの中に入れるチーズは、色みがきれいなチェダーチーズがおすすめ。
たれにはちみつと粒マスタードを使い、目新しさのある味に仕上げます。
味玉はみそベースのコクのあるしっかり味で、ごはんによく合う一品です。

鶏のつくね弁当②

鶏のつくね弁当①

鶏のつくね

●材料（1人分／3個）

A｜鶏ひき肉（もも）…100g
　｜長ねぎ（粗みじん切り）…1/3本
　｜片栗粉…大さじ1
　｜水…大さじ1/2
　｜塩…少々
B｜しょうゆ、砂糖…各大さじ1/2
サラダ油…小さじ1

① ボウルにAを入れて手でよく混ぜ、3等分して直径6cmの平たい丸形にまとめる。

② フライパンにサラダ油を熱し、❶の片面に中火で焼き色をつけ、裏返してふたをして弱火で2分焼き、強めの中火でBをからめる。

ポイント

肉だねのつなぎはシンプルに片栗粉だけにし、作りやすく、肉感たっぷりに。これで冷めてもやわらかく、たれのからみもよくなる。

明太卵焼き

●材料（1人分）

卵…1個
A｜片栗粉…小さじ1/2
　｜水…大さじ1
　｜塩…少々
明太子（薄皮を除く）…1/2本（20g）
サラダ油…小さじ1

① ボウルにAを混ぜ、卵を加えてよく溶きほぐす。

② 卵焼き器にサラダ油を熱し、❶を入れて中火で混ぜながらゆるいスクランブルエッグ状にし、明太子を向こう側に横一列にのせて底が固まったら手前に3回巻き、形を整えながら弱火で片面1分30秒ずつ焼く。あれば巻きすで形を整え、3等分に切る。

ブロッコリーのペペロンチーノ

●材料（1人分）

ブロッコリー（縦半分に切る）…3房（50g）
A｜オリーブ油…小さじ1/2
　｜塩…ひとつまみ
　｜黒こしょう…少々
　｜赤唐辛子（小口切り）…1/4本

① 耐熱ボウルにA、ブロッコリーの順に混ぜ、ラップをふんわりかけて電子レンジで1分加熱し、よく混ぜる。

＊ごはんに昆布のつくだ煮をのせる

鶏のつくね弁当②

チーズ入りつくね

●材料（1人分／3個）

A｜鶏ひき肉（もも）… 100g
　長ねぎ（粗みじん切り）… ⅓本
　片栗粉 … 大さじ1
　水 … 大さじ½
　塩 … 少々
プロセスチーズ（あればチェダー・3等分に切る）… 30g
B｜しょうゆ … 大さじ1
　はちみつ … 小さじ2
　粒マスタード … 小さじ½
サラダ油 … 小さじ1

① ボウルにAを入れて手でよく混ぜ、3等分してチーズを包み、7cm長さの小判形にまとめる。

② フライパンにサラダ油を熱し、❶の片面に中火で焼き色をつけ、裏返してふたをして弱火で2分焼き、強めの中火で混ぜたBをからめる。

みそ味玉

●材料（1人分）

卵 … 1個
A｜みそ … 大さじ½
　はちみつ、水 … 各小さじ1＊
＊ひと晩漬ける場合は、水を大さじ1にふやして

① 卵は酢少々（分量外）を加えた熱湯で煮立ってから中火で9分ゆで、冷水にとって冷まし、殻をむく。

② ポリ袋にAを混ぜ、水けをふいた❶を加えて空気を抜き、軽くもんで15分おき、縦半分に切る。

いんげんの おかかポン酢あえ

●材料（1人分）

A｜いんげん（3〜4等分に切る）… 3本（30g）
　削り節 … 1袋（2.5g）
ポン酢じょうゆ … 小さじ1

① 耐熱ボウルにAを混ぜ、ラップをふんわりかけて電子レンジで1分加熱し、ポン酢を混ぜる。

＊ごはんにゆかりをふる

つくねバリエ

●作り方(共通)

① ボウルにAを入れて手でよく混ぜ、3等分して直径6cmの平たい丸形にまとめる。

② フライパンにサラダ油を熱し、❶の片面に中火で焼き色をつけ、裏返してふたをして弱火で2分焼き、強めの中火でBをからめる。

野菜たっぷりつくね

野菜のうまみと水分で、ふんわり&見た目もかわいく。

●材料(1人分/3個)

A
- 鶏ひき肉(もも)…100g
- にんじん(粗みじん切り)…大1cm
- 生しいたけ(粗みじん切り)…小1枚
- 長ねぎ(粗みじん切り)…⅓本
- 片栗粉…大さじ1
- 水…大さじ½
- 塩…少々

B
- しょうゆ、みりん…各小さじ2
- しょうが(すりおろす)…小さじ½

サラダ油…小さじ1

きのこ入り山椒つくね

しめじの風味でシンプルな塩味に。粉山椒でピリッと。

●材料(1人分/3個)

A
- 鶏ひき肉(もも)…100g
- しめじ(粗みじん切り)…⅓パック(約30g)
- 長ねぎ(粗みじん切り)…⅓本
- 片栗粉…大さじ1
- 水…大さじ½
- 塩…小さじ¼

B
- みりん…大さじ1
- 塩…小さじ¼
- 粉山椒…ひとつまみ

サラダ油…小さじ1

★仕上げに粉山椒少々(分量外)をふる

豆腐入りのりつくね

豆腐を加えてふわふわに。のりの香りとポン酢が好相性。

●材料(1人分/3個)

A
- 鶏ひき肉(もも)…70g
- 木綿豆腐…⅙丁(50g)
- 長ねぎ(粗みじん切り)…⅓本
- 片栗粉…大さじ1
- 塩…小さじ¼

焼きのり…5×5cmのもの6枚

B
- ポン酢じょうゆ…大さじ1
- 砂糖…小さじ1

サラダ油…小さじ1

★丸形にまとめたら、両面にのりをはりつけて焼く

つくねにはいんげん、パプリカ、かぶの葉など、残っている野菜を加えても。
卵焼きは魚肉ソーセージを切らずに丸ごと巻き、ボリューム感を出します。
いんげんの炒めものは、ベーコンをのせてチンするだけのクイックメニューです。

鶏のつくね弁当③

魚肉ソーセージの卵焼き
（作り方はp77へ）

野菜たっぷりつくね
（作り方は右ページ）

いんげんとベーコンの塩炒め
（作り方はp84へ）

＊ごはんにごま塩をふる

4 鶏のから揚げ弁当①

鶏肉は余分な脂と水分をしっかり除くと、くさみがとれておいしくなります。
短時間で下味をつけるには、たたいて肉の繊維をこわすのがポイント。
卵焼きのかにかまは、ほぐすと卵全体になじみ、かに玉風の味わいに。

鶏のから揚げ弁当②

から揚げの下味にヨーグルトを少し加え、マイルドなカレー風味にしました。
枝豆は冷凍のものでいいので、刻んで卵焼きに加えると、見た目もかわいい。
レモンをきかせたラペは、色もきれいであと味をさっぱりさせてくれます。

鶏のから揚げ

●材料（1人分）

鶏もも肉（厚みを均一にし、5等分に切って水けをふく）…½枚（150g）

A｜しょうゆ…大さじ1
　｜砂糖…大さじ½
　｜片栗粉…小さじ1
　｜しょうが（すりおろす）…小さじ½

B｜小麦粉、片栗粉…各大さじ1

揚げ油…適量

① 鶏肉はポリ袋に入れ、底が平らな容器（小さめのガラスボウルなど）でたたき、Aを加えて1分もみ込み、5分おく。

② フライパンに揚げ油を1.5cm入れて中温（170℃）に熱し、❶にBをしっかりまぶして片面2分ずつ揚げ、最後に強火で片面10秒ずつ揚げてカリッとさせる。

ポイント

鶏肉はポリ袋に入れ、底が平らな容器でたたいて肉の繊維をこわす。こうすることで短時間で味が入り、肉もよりやわらかくなる。

かに玉風卵焼き

●材料（1人分）

卵…1個

A｜片栗粉…小さじ½
　｜水…大さじ1
　｜塩…少々

かにかま（1cm幅に切り、ほぐす）…1本

万能ねぎ（小口切り）…1本

ごま油…小さじ1

① ボウルにAを混ぜ、卵を加えて溶きほぐし、かにかま、万能ねぎを混ぜる。

② 卵焼き器にごま油を熱し、❶を入れて中火で混ぜながらゆるいスクランブルエッグ状にし、底が固まったら手前に3回巻き、形を整えながら弱火で片面1分ずつ焼く。あれば巻きすで形を整え、3等分に切る。

塩ゆでブロッコリー

●材料（1人分）

ブロッコリー（縦半分に切り、さっと洗って水けをきる）…3房（50g）

塩…ひとつまみ

① 耐熱ボウルにブロッコリーを入れて塩をふり、ラップをふんわりかけて電子レンジで1分加熱する。

＊ごはんに塩昆布をのせる

鶏のから揚げ弁当②

カレーから揚げ

●材料（1人分）

鶏もも肉（厚みを均一にし、5等分に切って水けをふく）… ½枚（150g）

A | しょうゆ、プレーンヨーグルト … 各大さじ1
　| 片栗粉 … 小さじ1
　| カレー粉 … 小さじ½

B | 小麦粉、片栗粉 … 各大さじ1
　| カレー粉 … 小さじ⅓

揚げ油 … 適量

① 鶏肉はポリ袋に入れ、底が平らな容器（小さめのガラスボウルなど）でたたき、Aを加えて1分もみ込み、5分おく。

② フライパンに揚げ油を1.5cm入れて中温（170℃）に熱し、❶にBをしっかりまぶして片面2分ずつ揚げ、最後に強火で片面10秒ずつ揚げてカリッとさせる。

枝豆の卵焼き

●材料（1人分）

卵 … 1個

A | 片栗粉 … 小さじ½
　| 水 … 大さじ1
　| 塩 … ひとつまみ

枝豆（塩ゆでし、さやから出して粗く刻む）… 大さじ2

サラダ油 … 小さじ1

① ボウルにAを混ぜ、卵を加えて溶きほぐし、枝豆を混ぜる。

② 卵焼き器にサラダ油を熱し、❶を入れて中火で混ぜながらゆるいスクランブルエッグ状にし、底が固まったら手前に3回巻き、形を整えながら弱火で片面1分ずつ焼く。あれば巻きすで形を整え、3等分に切る。

キャロットラペ

●材料（1人分）

にんじん（スライサーでせん切り）… ⅓本（50g）

塩 … ひとつまみ

A | レモン汁、はちみつ、オリーブ油
　| … 各小さじ1

① にんじんは塩をふって軽くもみ、しんなりしたら水けを絞り、Aを混ぜる。汁けを軽くきって詰める。

＊ごはんに梅のふりかけをふる

●作り方(共通)

① 鶏肉はポリ袋に入れ、底が平らな容器(小さめのガラスボウルなど)でたたき、Aを加えて1分もみ込み、5分おく。

② フライパンに揚げ油を1.5cm入れて中温(170℃)に熱し、❶にBをしっかりまぶして片面2分ずつ揚げ、最後に強火で片面10秒ずつ揚げてカリッとさせる。

七味から揚げ

七味唐辛子の辛みをきかせた、パンチのある味わいです。

●材料(1人分)

鶏もも肉(厚みを均一にし、5等分に切って水けをふく)…½枚(150g)

A | しょうゆ…大さじ1
砂糖…大さじ½
片栗粉…小さじ1
しょうが(すりおろす)…小さじ½
七味唐辛子…小さじ⅓

B | 小麦粉、片栗粉…各大さじ1

揚げ油…適量

★仕上げに七味唐辛子少々(分量外)をふる

青のりゆずこしょうから揚げ

ゆずこしょうで下味をつけ、青のりをまぶした塩から揚げ。

●材料(1人分)

鶏もも肉(厚みを均一にし、5等分に切って水けをふく)…½枚(150g)

A | みりん…大さじ1
片栗粉…小さじ1
ゆずこしょう…小さじ½
塩…小さじ⅓

B | 小麦粉、片栗粉…各大さじ1
青のり…小さじ½

揚げ油…適量

中華やさんのから揚げ

オイスターのうまみに、ごま油の香り。少し甘めの極上味!

●材料(1人分)

鶏もも肉(厚みを均一にし、5等分に切って水けをふく)…½枚(150g)

A | オイスターソース…大さじ1
砂糖、ごま油、片栗粉…各小さじ1

B | 小麦粉、片栗粉…各大さじ1

揚げ油…適量

鶏のから揚げ弁当③

七味唐辛子をもみ込んだから揚げは、ピリッと辛くて食欲をそそります。
卵焼きには砂糖としょうゆを合わせ、昔ながらの甘めの江戸前風の味つけに。
にんじんは削り節でうまみを加えて、ごはんがすすむおかずにしました。

＊ごはんに鮭ふりかけをふる

5 鶏そぼろ弁当①

しょうがをきかせた甘辛そぼろは、脂をきることで冷めてもぐんとおいしく。ふわふわに炒めたマヨネーズ入りいり卵と、混ぜて食べるのがおすすめです。おひたしのオクラには削り節でうまみを加え、レモンをきかせてさっぱりと。

鶏そぼろ弁当①

鶏そぼろ

●材料（1人分）

A ｜ 鶏ひき肉（もも）… 100g＊
　｜ しょうが（みじん切り）… ½かけ
　｜ 白いりごま … 大さじ½
B ｜ しょうゆ、砂糖 … 各大さじ½

＊鶏ひき肉（むね）で作る場合は、サラダ油少々をひいて

① フライパンを何もひかずに熱し、Aを強めの中火で炒め、色が変わったらBを加えて汁けがなくなるまで炒める。キッチンペーパーにのせて冷ます。

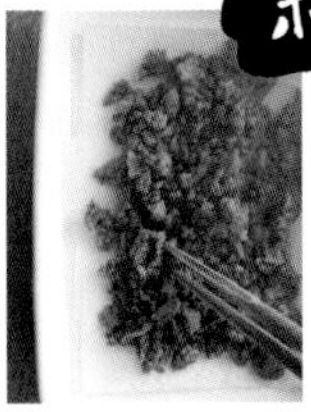

ポイント

そぼろが完成したら、キッチンペーパーにのせて冷ます。これで余分な脂がきれて、冷めても脂が固まらず、おいしいままに。

ふわふわいり卵

●材料（1人分）

A ｜ 卵 … 1個
　｜ マヨネーズ … 大さじ½
　｜ はちみつ … 小さじ⅓

① フライパンを何もひかずに熱し、混ぜたAを入れて中火で大きく混ぜながら焼き、いり卵にする。

オクラのレモンおひたし

●材料（1人分）

A ｜ オクラ … 3本（30g）
　｜ 削り節 … 1袋（2.5g）
　｜ 塩 … ひとつまみ

レモン汁 … 小さじ1
白いりごま … 少々

① オクラは塩少々（分量外）をまぶして板ずりし、さっと洗ってガクをむき、斜め半分に切る。

② 耐熱ボウルにAを入れ、ラップをふんわりかけて電子レンジで1分加熱し、レモン汁を混ぜていりごまをふる。

鶏そぼろ弁当②

ケチャップとソースで味つけしたそぼろは、ごはんと混ぜたらチキンライス、
オムレツと合わせればオムライス風に！　オムレツはスイートチリソースを使い、
甘辛く味つけするだけとカンタン。野菜はアスパラやパプリカでもいいですよ。

鶏そぼろ弁当②

トマトバジルそぼろ

●材料（1人分）

A｜鶏ひき肉（もも）…100g＊
　｜バジル（ドライ）…小さじ⅓

B｜ケチャップ、中濃ソース…各大さじ1
　｜はちみつ…小さじ1
　｜塩…少々

＊鶏ひき肉（むね）で作る場合は、サラダ油少々をひいて

① フライパンを何もひかずに熱し、Aを強めの中火で炒め、色が変わったらBを加えて汁けがなくなるまで炒める。キッチンペーパーにのせて冷ます。

スイートチリオムレツ

●材料（1人分）

卵…1個

A｜スイートチリソース…大さじ½
　｜片栗粉…小さじ½

パセリ（みじん切り）…少々

サラダ油…小さじ1

① ボウルにAを混ぜ、卵を加えて溶きほぐし、パセリを混ぜる。

② フライパンにサラダ油を熱し、❶を入れて中火で混ぜながらゆるいスクランブルエッグ状にし、小さいオムレツ形にまとめ、弱火で片面1分ずつ焼く。

ズッキーニのマスタードしょうゆ炒め

●材料（1人分）

ズッキーニ（5等分の輪切り）…⅓本（60g）

A｜しょうゆ、はちみつ、粒マスタード、
　｜オリーブ油…各小さじ1

① 耐熱ボウルにA、ズッキーニの順に混ぜ、ラップをふんわりかけて電子レンジで1分30秒加熱し、よく混ぜる。

●作り方（共通）

① フライパンを何もひかずに熱し、Aを強めの中火で炒め、色が変わったらBを加えて汁けがなくなるまで炒める。キッチンペーパーにのせて冷ます。

そぼろバリエ

きのこみそそぼろ

きのこの香りが生きたしっかりみそ味。ごはんに合います。

●材料（1人分）

A | 鶏ひき肉（もも）… 100g＊
しめじ（粗みじん切り）… $\frac{1}{3}$パック（約30g）
しょうが（みじん切り）… $\frac{1}{2}$かけ

B | みそ、しょうゆ、はちみつ … 各大さじ1

＊鶏ひき肉（むね）で作る場合は、サラダ油少々をひいて

★好みで、仕上げに白いりごま少々（分量外）をふる

ドライカレー風そぼろ

カレーは、やや甘めで食べやすく。いんげんの食感がキー。

●材料（1人分）

A | 豚ひき肉 … 100g
いんげん（5mm幅の小口切り）… 3本
カレー粉 … 小さじ1
塩、黒こしょう … 各少々

B | ケチャップ、中濃ソース … 各大さじ1
砂糖 … 小さじ1

コチュジャンそぼろ

ピリ辛であとをひく味。赤パプリカの食感と色みも楽しい。

●材料（1人分）

A | 豚ひき肉 … 100g
パプリカ（赤・7mm角に切る）… $\frac{1}{4}$個

B | コチュジャン、しょうゆ … 各大さじ$\frac{1}{2}$
白いりごま … 小さじ1

粗く刻んだしめじがたっぷり入ったみそそぼろは、うまみも食感も最高！
卵焼きにはカリカリ梅を混ぜ、あと味をさっぱりさせつつ色鮮やかに。
レモン風味の白菜は、サラダ感覚の一品。キャベツで作っても美味です。

鶏そぼろ弁当③

カリカリ梅の卵焼き

（作り方はp77へ）

きのこみそそぼろ

（作り方は右ページ）

白菜とツナのレモンあえ

（作り方はp86へ）

6 ポークソテー弁当①

ボリューム満点のソテーは、小麦粉をまぶすことでバターじょうゆがよくからみ、
冷めてもやわらかくておいしい。ふたをして焼くと肉汁が出てしまうので、
薄切りの玉ねぎとともに蒸し焼きにします。浅漬けは、昆布茶でさっと作ります。

ポークソテー弁当①

ポークソテー

●材料（1人分）

豚ロース肉（とんかつ用・長さを3等分に切る）… 1枚（100g）

A ｜ 塩 … ひとつまみ
｜ 黒こしょう … 小さじ¼

小麦粉 … 小さじ1

玉ねぎ（ごく薄切り）… ¼個

B ｜ しょうゆ、酒 … 各大さじ½

バター … 大さじ1

① 豚肉は両面にAをふって小麦粉をまぶし、バターの半量を溶かしたフライパンで強めの中火で片面に焼き色をつけ、裏返して玉ねぎを加え、時々混ぜながら弱めの中火で3分焼く。

② B、残りのバターを加え、強めの中火で汁けがなくなるまでからめる。

ポイント

豚肉は3等分に切って焼くことで、筋切りしなくても肉がそり返らず、火の通りも早くなる。小麦粉をまぶせば、冷めてもやわらか。

バジルオムレツ

●材料（1人分）

卵 … 1個

A ｜ 片栗粉 … 小さじ½
｜ 水 … 大さじ1
｜ マヨネーズ … 大さじ½

バジル（ドライ）… 小さじ¼

オリーブ油 … 小さじ1

① ボウルにAを順に混ぜ、卵を加えて溶きほぐし、バジルを混ぜる。

② フライパンにオリーブ油を熱し、❶を入れて中火で混ぜながらゆるいスクランブルエッグ状にし、小さいオムレツ形にまとめて弱火で片面1分ずつ焼き、3等分に切る。

パプリカの浅漬け

●材料（1人分）

パプリカ（赤、黄・縦5mm幅に切る）… 各⅙個

昆布茶 … 小さじ½

水 … 大さじ½

① ポリ袋に材料をすべて入れ、軽くもんで10分おく。

ポークソテー弁当②

長ねぎで和風にし、甘辛いたれをからめ、ごま油で香りを加えたソテーです。
卵焼きにははんぺんをつぶして入れ、しっとり、もっちりとした伊達巻き風に。
桜えびとしょうがをきかせた小松菜は、冷めても風味豊かで美味です。

ポークソテー弁当②

和風ねぎソースのポークソテー

●材料（1人分）

豚ロース肉（とんかつ用・長さを3等分に切る）…1枚（100g）
A｜塩、黒こしょう…各少々
小麦粉…小さじ1
長ねぎ（斜め薄切り）…1/3本
B｜みりん…大さじ1
　｜しょうゆ…小さじ1
ごま油…小さじ1

① 豚肉は両面にAをふって小麦粉をまぶし、ごま油を熱したフライパンで強めの中火で片面に焼き色をつけ、裏返して長ねぎを加え、時々混ぜながら弱めの中火で3分焼く。

② Bを加え、強めの中火で汁けがなくなるまでからめる。

伊達巻き風卵焼き

●材料（1人分）

卵…1個
はんぺん…大1/4枚（約30g）
A｜牛乳…大さじ1
　｜片栗粉…小さじ1
　｜はちみつ…小さじ2
サラダ油…小さじ1

① ポリ袋にはんぺんを入れ、形が残らないようにつぶし、A（上から順に）、卵を加えてもみながらよく混ぜる。

② 卵焼き器にサラダ油を熱し、❶を入れて中火で混ぜながらゆるいスクランブルエッグ状にし、底が固まったら手前に3回巻き、形を整えながら弱火で片面1分30秒ずつ焼く。あれば巻きすで形を整え、3等分に切る。

小松菜と桜えびのあえもの

●材料（1人分）

小松菜（3cm幅に切る）…1株（50g）
桜えび（乾燥）、塩…各ひとつまみ
しょうが（すりおろす）、ごま油
…各小さじ1/2

① 耐熱ボウルに材料をすべて入れて混ぜ、ラップをふんわりかけて電子レンジで1分加熱し、よく混ぜる。

＊ごはんにごま塩をふり、カリカリ梅をのせる

ポークソテーバリエ

●作り方(共通)

①豚肉はAをふって小麦粉をまぶし、サラダ油を熱したフライパンで強めの中火で焼き色をつけ、裏返して玉ねぎを加え、時々混ぜながら弱めの中火で3分焼く。

②Bを加え、強めの中火で汁けがなくなるまでからめる。

ポークチャップ

子どもも大好きなケチャップ味。ごはんをもりっとどうぞ。

●材料(1人分)

豚ロース肉(とんかつ用･長さを3等分に切る)…1枚(100g)
A | 塩 … ひとつまみ
| 黒こしょう … 小さじ¼
小麦粉 … 小さじ1
玉ねぎ(ごく薄切り)… ¼個
B | ケチャップ … 大さじ1
| 中濃ソース … 大さじ½
サラダ油 … 小さじ1

山賊焼き風

長野の郷土料理。しょうが、にんにく、はちみつの甘辛味。

●材料(1人分)

豚ロース肉(とんかつ用･長さを3等分に切る)…1枚(100g)
A | 塩、黒こしょう … 各少々
小麦粉 … 小さじ1
玉ねぎ(ごく薄切り)… ¼個
B | はちみつ … 大さじ1
| しょうゆ … 大さじ½
| しょうが、にんにく(すりおろす)… 各小さじ½
サラダ油 … 小さじ1

レモン粒マスタードソテー

さわやかなはちみつレモンに、粒マスタードの酸味が◎。

●材料(1人分)

豚ロース肉(とんかつ用･長さを3等分に切る)…1枚(100g)
A | 塩、黒こしょう … 各少々
小麦粉 … 小さじ1
玉ねぎ(ごく薄切り)… ¼個
B | レモン(ワックス不使用のもの)…5mm幅の輪切り1枚
| はちみつ … 大さじ1
| 粒マスタード … 小さじ1
| 塩 … ひとつまみ
バター … 大さじ1
★サラダ油のかわりにバターの半量を溶かし、残りのバターはBとともにからめる

ポークソテー弁当③

定番のケチャップ味のポークチャップは、ごはんにのせてたれごと味わって。
オムレツのきのことウインナは細かく刻み、うまみをたっぷり出しましょう。
さつまいもの煮ものも電子レンジで！　水とチンしてから味つけ、がコツです。

きのことウインナのオムレツ
（作り方はp80へ）

さつまいものはちみつレモン煮
（作り方はp87へ）

ポークチャップ
（作り方は右ページ）

＊さつまいものはちみつレモン煮、ごはんに黒いりごまをふる

7 ハンバーグ弁当①

お弁当の人気メニュー・ハンバーグは、まわりに小麦粉をまぶして焼くのと
肉だねにケチャップを加えることで、うまみをとじ込め、冷めてもやわらかに。
卵焼きにはマヨを混ぜ、しっとりと。アスパラはコーンに合わせて小さく切ります。

ハンバーグ弁当②

照り焼きバーガーをイメージした、はちみつ+しょうゆ味のハンバーグ。
肉だねにみそとしょうがを加えて、ぐっと和風にアレンジしました。
卵焼きには、じゃこを入れて和風に。かわりにしらすで作ってもおいしい。

ハンバーグ

●材料（1人分／3個）

A｜合びき肉 … 100g
　｜パン粉 … 大さじ2
　｜ケチャップ … 大さじ1
B｜玉ねぎ（みじん切り）… 1/8個
　｜塩、黒こしょう … 各少々
小麦粉 … 小さじ1
C｜ケチャップ … 大さじ1
　｜中濃ソース … 大さじ1/2
　｜はちみつ … 小さじ1
サラダ油 … 小さじ1

① ボウルにB、Aの順に入れてそのつど手でよく混ぜ、
3等分して直径6cmの平たい丸形にまとめ、小麦粉をまぶす。

② フライパンにサラダ油を熱し、❶の片面に強めの中火で
焼き色をつけ、裏返してふたをして弱火で3分焼く。
ペーパーで余分な脂をふき、強めの中火でCをからめる。

ポイント

ハンバーグは全体に小麦粉をまぶして焼き、肉汁をとじ込め、冷めてもおいしく。ケチャップを加えることで、うまみもアップする。

ツナとパセリの卵焼き

●材料（1人分）

卵 … 1個
A｜片栗粉 … 小さじ1/2
　｜水 … 大さじ1
　｜マヨネーズ … 大さじ1/2
ツナ缶（汁けをきる）… 小1/3缶（約20g）
パセリ（みじん切り）… 少々
オリーブ油 … 小さじ1

① ボウルにAを順に混ぜ、卵を加えて
溶きほぐし、ツナ、パセリを混ぜる。

② 卵焼き器にオリーブ油を熱し、
❶を入れて中火で混ぜながら
ゆるいスクランブルエッグ状にし、
底が固まったら手前に3回巻き、
形を整えながら弱火で片面1分30秒ずつ焼く。
あれば巻きすで形を整え、3等分に切る。

アスパラとコーンのコロコロソテー

●材料（1人分）

A｜グリーンアスパラ（下のかたい皮を
　｜　むき、1.5cm幅に切る）… 2本（50g）
　｜ホールコーン（缶詰・汁けをふく）
　｜　… 大さじ2
　｜塩 … 小さじ1/4
　｜黒こしょう … 少々
バター … 大さじ1

① 耐熱ボウルにAを混ぜ、
バターをのせ、ラップを
ふんわりかけて電子レンジで
1分加熱し、よく混ぜる。

＊ごはんに青菜ふりかけをふる

ハンバーグ弁当②

和風照り焼きハンバーグ

●材料（1人分／3個）

A｜豚ひき肉…100g
　｜パン粉…大さじ2
　｜水…大さじ1
B｜玉ねぎ（みじん切り）…1/8個
　｜みそ…小さじ1
　｜しょうが（すりおろす）…小さじ1/2
小麦粉…小さじ1
C｜はちみつ…大さじ1
　｜しょうゆ…大さじ1/2
サラダ油…小さじ1

① ボウルにB、Aの順に入れてそのつど手でよく混ぜ、3等分して直径6cmの平たい丸形にまとめ、小麦粉をまぶす。

② フライパンにサラダ油を熱し、❶の片面に強めの中火で焼き色をつけ、裏返してふたをして弱火で3分焼く。ペーパーで余分な脂をふき、強めの中火でCをからめる。

じゃこの卵焼き

●材料（1人分）

卵…1個
A｜片栗粉…小さじ1/2
　｜水…大さじ1
　｜はちみつ…大さじ1/2
　｜塩…少々
ちりめんじゃこ…大さじ1
しょうが（すりおろす）…小さじ1/2
ごま油…小さじ1

① 耐熱ボウルにじゃこを入れ、ラップをかけずに電子レンジで10秒加熱し、しょうがを混ぜる。これにAを順に加えて混ぜ、卵を加えて溶きほぐす。

② 卵焼き器にごま油を熱し、❶を入れて中火で混ぜながらゆるいスクランブルエッグ状にし、底が固まったら手前に3回巻き、形を整えながら弱火で片面1分ずつ焼く。あれば巻きすで形を整え、3等分に切る。

小松菜のおひたし

●材料（1人分）

小松菜（食べやすく切る）…1株（50g）
A｜削り節…1袋（2.5g）
　｜酒…大さじ1/2
　｜しょうゆ…小さじ1
　｜塩…少々

① 耐熱ボウルに小松菜の茎、葉、Aの順に入れ、ラップをふんわりかけて電子レンジで1分加熱し、よく混ぜる。

ハンバーグバリエ

イタリアンバーグ

バジルとにんにくの香りに、レモン汁でイタリアンっぽく。

●材料（1人分／3個）

A｜合びき肉…100g
　｜パン粉…大さじ2
　｜ケチャップ…大さじ1
B｜玉ねぎ（みじん切り）…1/8個
　｜塩、黒こしょう…各少々
小麦粉…小さじ1
C｜ケチャップ…大さじ2
　｜レモン汁…小さじ1
　｜にんにく（すりおろす）…小さじ1/2
　｜バジル（ドライ）…小さじ1/4
サラダ油…小さじ1
★仕上げにドライバジル少々（分量外）をふる

マーボーバーグ

テンメンジャン＋豆板醤の辛みがクセになるおいしさ。

●材料（1人分／3個）

A｜合びき肉…100g
　｜パン粉…大さじ2
　｜ケチャップ…大さじ1
B｜玉ねぎ（みじん切り）…1/8個
　｜塩、黒こしょう…各少々
小麦粉…小さじ1
C｜テンメンジャン（またはみそ）…大さじ1/2
　｜酒…大さじ1
　｜豆板醤…小さじ1/2
サラダ油…小さじ1

ハワイアンバーグ

フルーティなジャムを加えたバーベキューソース風です。

●材料（1人分／3個）

A｜合びき肉…100g
　｜パン粉…大さじ2
　｜ケチャップ…大さじ1
B｜玉ねぎ（みじん切り）…1/8個
　｜塩、黒こしょう…各少々
小麦粉…小さじ1
C｜オレンジマーマレード…大さじ1＊
　｜しょうゆ…小さじ1
　｜にんにく（すりおろす）…小さじ1/2
サラダ油…小さじ1
＊いちご、りんご、あんずなど、何のジャムでもいい

●作り方（共通）

1. ボウルにB、Aの順に入れて
そのつど手でよく混ぜ、3等分して
平たい丸形にまとめ、小麦粉をまぶす。

2. フライパンにサラダ油を熱し、
❶の片面に強めの中火で焼き色をつけ、
裏返してふたをして弱火で3分焼く。
余分な脂をふき、強めの中火でCをからめる。

ハンバーグ弁当③

ソースに加えたバジルとレモンで、一気にイタリアン風のハンバーグに変身。
にんじんのすりおろしを加えた卵焼きは、甘みとかわいい色みがうれしい。
ブロッコリー炒めは、カレー粉とウインナのうまみでしっかりおかずになります。

（作り方はp78へ）
（作り方は右ページ）
（作り方はp82へ）

＊ごはんにおかかふりかけをふる

8 肉巻き弁当①

やわらかいしゃぶしゃぶ肉を３枚重ねて巻き、肉感をしっかり出すのがミソ。片栗粉を内側と外側にもまぶして、野菜と一体化させつつ、たれにとろみをつけます。おかかあえは、アスパラ、にんじん、ピーマンで作っても美味です。

肉巻き弁当②

ピーマンを巻いてオイスターソースで味つけした、チンジャオロースー風の肉巻き。
パプリカで作ったり、赤ピーマンを加えても。卵焼きには、ザーサイを入れて
うまみたっぷりに。いんげんには酢を加え、さっぱりとした箸休めにします。

いんげんの肉巻き

●材料（1人分／2個）

豚ロース薄切り肉（しゃぶしゃぶ用）…6枚（80g）
A｜塩、黒こしょう…各少々
片栗粉…小さじ1
いんげん（長さを半分に切る）…4本
B｜しょうゆ、砂糖…各大さじ½
サラダ油…小さじ1

① 豚肉は縦に2cmずつ重ねて3枚並べ、Aをふって片栗粉の半量をまぶし、手前にいんげんをのせてきつめにくるくる巻き、残りの片栗粉をまぶして手でにぎってなじませる。

② フライパンにサラダ油を熱し、❶の巻き終わりを下にして入れ、中火で全体に焼き色をつけ、ふたをして弱火で3分焼く。強めの中火でBをからめ、半分に切る。

ポイント

豚肉は、いんげんを巻く前と巻いたあとに片栗粉をまぶす。これでいんげんと肉が密着し、たれにはとろみがついてからみがよくなる。

ハムとチーズの卵焼き

●材料（1人分）

卵…1個
A｜片栗粉…小さじ½
　｜水…大さじ1
　｜マヨネーズ…小さじ1
ロースハム（1cm角に切る）…1枚
スライスチーズ（あればチェダー）…½枚
オリーブ油…小さじ1

① ボウルにAを順に混ぜ、卵を加えて溶きほぐし、ハムを混ぜる。

② 卵焼き器にオリーブ油を熱し、❶を入れて中火で混ぜながらゆるいスクランブルエッグ状にし、チーズをのせて底が固まったら手前に3回巻き、形を整えながら弱火で片面1分30秒ずつ焼く。あれば巻きすで形を整え、3等分に切る。

パプリカのおかかあえ

●材料（1人分）

パプリカ（赤・縦1cm幅に切る）…¼個
A｜削り節…1袋（2.5g）
　｜しょうゆ…小さじ⅓
　｜しょうが（すりおろす）…小さじ¼

① 耐熱ボウルにA、パプリカの順に混ぜ、ラップをふんわりかけて電子レンジで50秒加熱し、よく混ぜる。

＊ごはんに塩昆布をのせる

おそれいりますが
切手を
お貼りください

POST CARD

104-8357

東京都中央区京橋 3-5-7
(株)主婦と生活社　料理編集
「らく弁」係行

ご住所
〒　　　－

お電話　　　（　　　）

お名前（フリガナ）

男・女　年齢　歳

ご職業　1. 主婦　2. 会社員　3. 自営業　4. 学生　5. その他（　　）

未婚・既婚（　）年

家族構成（年齢）

「らく弁」はいかがでしたか？　今後の企画の参考にさせていただくため、アンケートにご協力ください。

＊お答えいただいた方、先着1000名の中から抽選で20名様に、小社刊行物(料理本)をプレゼントいたします(刊行物の指定はできませんので、ご了承ください)。当選者の発表は、商品の発送をもってかえさせていただきます。

Q1 この本を購入された理由は何ですか？

Q2 この本の中で「作りたい」と思った料理を3つお書きください。

(　　　　)ページの(　　　　　　　　　　　　　　　　　　)

(　　　　)ページの(　　　　　　　　　　　　　　　　　　)

(　　　　)ページの(　　　　　　　　　　　　　　　　　　)

Q3 この本の表紙・内容・ページ数・価格のバランスはいかがですか？

Q4 あなたが好きな料理研究家と、その理由を教えてください。

Q5 この本についてのご意見、ご感想をお聞かせください。

＊ご協力ありがとうございました＊

★お答えいただいた内容を弊社のSNSなどでご紹介させていただいてもいいでしょうか？
(ご住所、お名前などの個人情報は一切公開いたしません)　はい ／ いいえ

肉巻き弁当②

ピーマンのチンジャオロースー巻き

●材料（1人分／2個）

豚ロース薄切り肉（しゃぶしゃぶ用）…6枚（80g）
A｜塩、黒こしょう…各少々
片栗粉…小さじ1
ピーマン（細切り）…1個
B｜オイスターソース…大さじ1
　｜砂糖…小さじ1
ごま油…小さじ1

① 豚肉は縦に2cmずつ重ねて3枚並べ、Aをふって片栗粉の半量をまぶし、手前にピーマンをのせてきつめにくるくる巻き、残りの片栗粉をまぶして手でにぎってなじませる。

② フライパンにごま油を熱し、❶の巻き終わりを下にして入れ、中火で全体に焼き色をつけ、ふたをして弱火で3分焼く。強めの中火でBをからめ、半分に切る。

ザーサイの卵焼き

●材料（1人分）

卵…1個
A｜片栗粉…小さじ½
　｜水…大さじ1
　｜しょうゆ…少々
味つきザーサイ（粗く刻む）…¼びん（25g）
ごま油…小さじ1

① ボウルにAを混ぜ、卵を加えて溶きほぐし、ザーサイを混ぜる。

② 卵焼き器にごま油を熱し、❶を入れて中火で混ぜながらゆるいスクランブルエッグ状にし、底が固まったら手前に3回巻き、形を整えながら弱火で片面1分ずつ焼く。あれば巻きすで形を整え、3等分に切る。

いんげんの酢じょうゆ炒め

●材料（1人分）

A｜いんげん（斜め3等分に切る）…4本（40g）
　｜しょうゆ、ごま油…各小さじ½
酢…小さじ½

① 耐熱ボウルにAを混ぜ、ラップをふんわりかけて電子レンジで1分加熱し、酢を混ぜる。

＊ごはんにゆかりをふり、梅干しをのせる

●作り方(共通)

① 豚肉は縦に2cmずつ重ねて3枚並べ、
Aをふって片栗粉の半量をまぶし、手前に具材をのせて
きつめにくるくる巻き、残りの片栗粉をまぶす。

② フライパンにサラダ油を熱し、❶の巻き終わりを下にして
中火で全体に焼き色をつけ、ふたをして弱火で3分焼く。
強めの中火でBをからめ、半分に切る。

にんじんの梅ごま巻き

にんじんは細切りで火通りよく。甘辛だれ+梅でさっぱり。

●材料(1人分/2個)

豚ロース薄切り肉(しゃぶしゃぶ用)…6枚(80g)
A | 塩…少々
片栗粉…小さじ1
にんじん(スライサーでせん切り)…⅓本
B | 梅干し(種を除き、たたく)…1個*
| みりん、白いりごま…各大さじ½
| しょうゆ…小さじ1
サラダ油…小さじ1
*練り梅なら大さじ1

キムチチーズ巻き

キムチの辛みにチーズのコク。ケチャップで甘めのたれです。

●材料(1人分/2個)

豚ロース薄切り肉(しゃぶしゃぶ用)…6枚(80g)
A | 塩、黒こしょう…各少々
片栗粉…小さじ1
白菜キムチ…30g
プロセスチーズ(あればチェダー・細切り)…30g
B | コチュジャン、ケチャップ…各大さじ1
サラダ油…小さじ1

キャベツとオクラの甘酢巻き

ポン酢+ケチャップで甘酢風。オクラの切り口がかわいい。

●材料(1人分/2個)

豚ロース薄切り肉(しゃぶしゃぶ用)…6枚(80g)
A | 塩、黒こしょう…各少々
片栗粉…小さじ1
キャベツ(細切り)…大1枚
オクラ(塩少々をまぶして板ずりし、ヘタを除く)…2本
B | ポン酢じょうゆ…大さじ1½
| ケチャップ…大さじ1
サラダ油…小さじ1
★まん中にオクラがくるようにのせて巻くとかわいい

肉巻き弁当③

切り口が鮮やかなにんじんの肉巻きは、梅干し入りの甘辛だれをからめ、さっぱりとした味わいに。卵焼きは、昆布のつくだ煮で作っても美味です。ふりかけがわりにもなるごまおかかあえは、残さずごはんにのせて。

にんじんの梅ごま巻き
（作り方は右ページ）

塩昆布の卵焼き
（作り方はp76へ）

オクラのごまおかかあえ
（作り方はp84へ）

9 焼き鮭弁当①

鮭は酒をふり、オーブンシートを敷いたフライパンで焼くのがいちばんのポイント。
余分な水分が抜けてこんがりと焼け、なによりあとかたづけがラクチン！
味玉は、つけ汁のおかかも一緒に食べて。青菜はちくわでうまみをプラスします。

はちみつ入りのみそをからめた、ちょっと甘めでごはんがすすむ焼き鮭です。
細切りのたくあんを混ぜた卵焼きは、ポリッとしたその食感も楽しい。
なますにはレモンの酸味をきかせ、香りよく、さわやかな味わいに。

焼き鮭弁当②

焼き鮭

●材料（1人分）

甘塩鮭の切り身（長さを半分に切る）…1枚（100g）
酒…大さじ1
しょうゆ…小さじ1

① 鮭は酒をふって5分おき、水けをふく。

② フライパンにオーブンシートを敷き、❶をお弁当箱に詰めた時に上になる面を下にして入れ、ふたをして中火で3分、裏返して2分焼き、しょうゆをからめる。

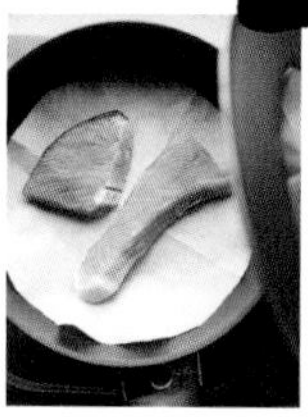

ポイント

フライパンにオーブンシートをはみ出さないように敷き、鮭を上になる面から入れ、ふたをして焼く。余分な水分が抜け、こんがりとおいしく焼ける。

味玉

●材料（1人分）

卵…1個
A　しょうゆ…大さじ½
　　砂糖、水…各小さじ1＊
　　削り節…1袋（2.5g）
＊ひと晩漬ける場合は、水を大さじ1にふやして

① 卵は酢少々（分量外）を加えた熱湯で煮立ってから中火で9分ゆで、冷水にとって冷まし、殻をむく。

② ポリ袋にAを混ぜ、水けをふいた❶を加えて空気を抜き、軽くもんで15分おく。縦半分に切り、つけ汁をかける。

チンゲンサイとちくわのしょうゆ炒め

●材料（1人分）

チンゲンサイ（食べやすく切る）…½株（50g）
ちくわ（斜め薄切り）…1本
しょうゆ、ごま油…各小さじ1

① 耐熱ボウルに材料をすべて入れて混ぜ、ラップをふんわりかけて電子レンジで1分30秒加熱し、よく混ぜる。

＊ごはんにおかかふりかけ、焼きのり、鮭の順にのせる

焼き鮭弁当②

ごまみそ焼き鮭

●材料（1人分）

甘塩鮭の切り身（長さを半分に切る）… 1枚（100g）
酒 … 大さじ1
A | みそ … 小さじ½
　| はちみつ、白いりごま … 各小さじ1

① 鮭は酒をふって5分おき、水けをふく。

② フライパンにオーブンシートを敷き、❶をお弁当箱に詰めた時に上になる面を下にして入れ、ふたをして中火で3分、裏返して2分焼き、混ぜたAをからめる。

たくあんとごまの卵焼き

●材料（1人分）

卵 … 1個
A | 片栗粉 … 小さじ½
　| 水 … 大さじ1
　| はちみつ … 大さじ½
たくあん（細切り）… 5mm厚さのもの2枚
白いりごま … 小さじ1
サラダ油 … 小さじ1

① ボウルにAを順に混ぜ、卵を加えて溶きほぐし、たくあん、いりごまを混ぜる。

② 卵焼き器にサラダ油を熱し、❶を入れて中火で混ぜながらゆるいスクランブルエッグ状にし、底が固まったら手前に3回巻き、形を整えながら弱火で片面1分ずつ焼く。あれば巻きすで形を整え、3等分に切る。

大根とにんじんのレモンなます

●材料（1人分）

大根（細めのせん切り）… 2cm
にんじん（細めのせん切り）… 2cm
レモン（ワックス不使用のもの・8等分のいちょう切り）… 薄切り1枚
はちみつ … 大さじ½
レモン汁 … 小さじ1
塩 … 小さじ⅓

① ボウルに材料をすべて入れ、よく混ぜる。汁けを軽くきって詰める。

＊ごはんにカリカリ梅をのせる

●作り方（共通）

① 鮭は酒をふって5分おき、水けをふく。

② フライパンにオーブンシートを敷き、
❶をお弁当箱に詰めた時に上になる面を下にして入れ、
ふたをして中火で3分、裏返して2分焼き、Aをからめる。

焼き鮭バリエ

はちみつバターじょうゆ焼き鮭

大人気のバターじょうゆ味に、はちみつの甘みをプラス。

●材料（1人分）

甘塩鮭の切り身（長さを半分に切る）…1枚（100g）
酒…大さじ1
A　はちみつ…小さじ1
　　しょうゆ…小さじ½
　　バター…大さじ1

マヨピーナッツ焼き鮭

マヨ+ナッツがたまらない！　マヨが溶けるまでからめて。

●材料（1人分）

甘塩鮭の切り身（長さを半分に切る）…1枚（100g）
酒…大さじ1
A　マヨネーズ、バターピーナッツ（粗く砕く）＊
　　…各大さじ1
＊ミックスナッツ、アーモンドでもいい

しょうがポン酢焼き鮭

ポン酢は加熱すると、酸味がとんでコクがアップします。

●材料（1人分）

甘塩鮭の切り身（長さを半分に切る）…1枚（100g）
酒…大さじ1
A　ポン酢じょうゆ…大さじ½
　　しょうが（すりおろす）…小さじ½

焼き鮭弁当③

甘塩鮭にはちみつバターじょうゆをからめた、新鮮な味わいの洋風弁当です。
味玉はスイートチリソースにバジルも加えて、ぐっとエスニック風に。
レンチンポテサラは、ウインナとマヨを混ぜるだけのシンプルさです。

ポテトサラダ

（作り方はp86へ）

スイートチリ味玉

（作り方はp81へ）

はちみつバターじょうゆ焼き鮭

（作り方は右ページ）

10 かじきの竜田揚げ弁当①

短時間で下味をつけるには、かじきの水けをふき、身をくずさない程度に調味料をもみ込むのがコツ。片栗粉は揚げる直前ににぎるようにしてまぶすと、カラッと揚がります。ごまあえは、かわりにピーマンで作ってもおいしい。

かじきの竜田揚げ弁当①

かじきの竜田揚げ

●材料（1人分）

かじきの切り身（3等分に切り、水けをふく）…1枚（100g）＊
A | しょうゆ … 大さじ½
　| 砂糖 … 小さじ1
　| しょうが（すりおろす）… 小さじ½
片栗粉 … 大さじ1
揚げ油 … 適量
＊または、生鮭やぶりなどで作っても

① ポリ袋にA、かじきを入れて軽くもみ込み、空気を抜いて10分おく。

② フライパンに揚げ油を1.5cm入れて中温（180℃）に熱し、❶に片栗粉をにぎるようにまぶして片面1分30秒ずつカラリと揚げ、バットに立てかけるようにしてしっかり油をきる。

ポイント

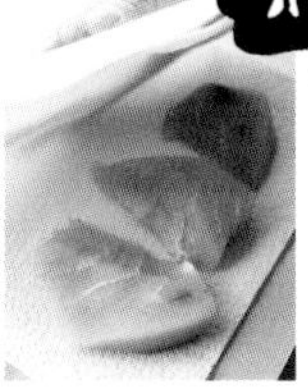

かじきは、2枚重ねたキッチンペーパーでしっかり水けをおさえる。これで魚のくさみがとれ、冷めてもぐっとおいしく仕上がる。

たらこと万能ねぎの卵焼き

●材料（1人分）

卵 … 1個
A | 片栗粉 … 小さじ½
　| 水 … 大さじ1
　| 塩 … 少々
たらこ（薄皮を除く）… ¼本（10g）
万能ねぎ（小口切り）… 1本
ごま油 … 小さじ1

① ボウルにAを混ぜ、卵を加えて溶きほぐし、万能ねぎを混ぜる。

② 卵焼き器にごま油を熱し、❶を入れて中火で混ぜながらゆるいスクランブルエッグ状にし、たらこを向こう側に横一列にのせて底が固まったら手前に3回巻き、形を整えながら弱火で片面1分30秒ずつ焼く。あれば巻きすで形を整え、3等分に切る。

アスパラの昆布茶ごまあえ

●材料（1人分）

A | グリーンアスパラ（下のかたい皮をむき、5cm幅に切る）… 2本（50g）
　| 昆布茶 … 小さじ½
白いりごま … 小さじ⅓

① 耐熱ボウルにAを混ぜ、ラップをふんわりかけて電子レンジで1分加熱し、いりごまを混ぜる。

＊ごはんに青菜ふりかけをふる

カレー粉としょうがで味つけした竜田揚げは、冷めても香りがいいままで、
お弁当にぴったり。卵焼きにはわかめをたっぷり入れ、しょうがで風味づけを。
かぶの漬けものは、塩昆布を加えてもみ込むだけのスピードメニューです。

かじきの竜田揚げ弁当②

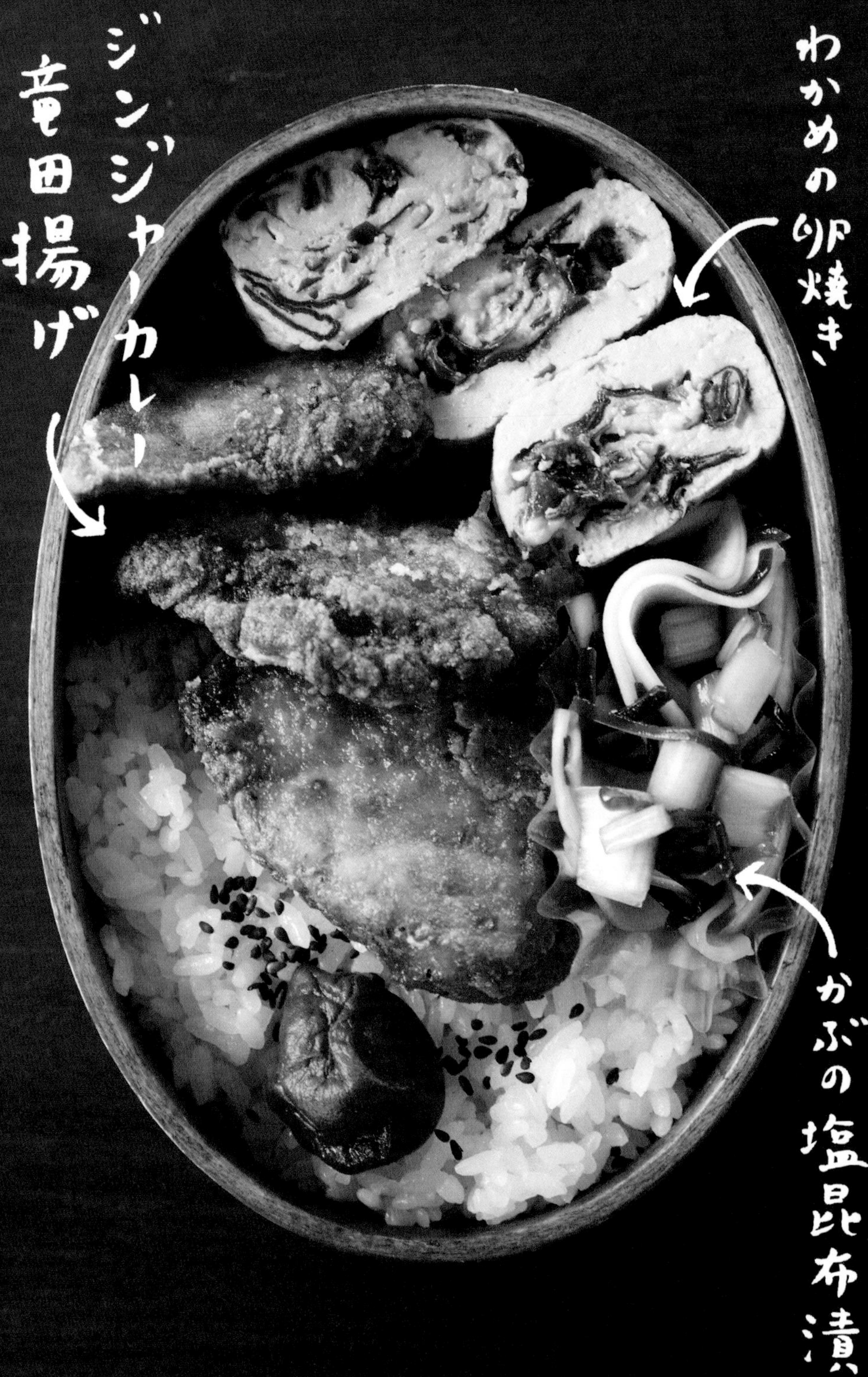

かじきの竜田揚げ弁当②

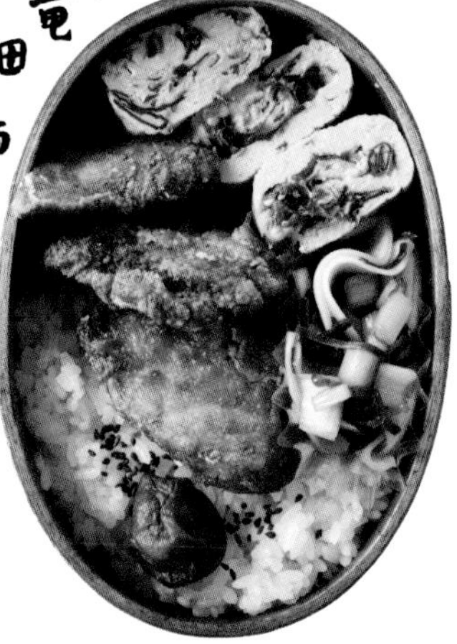

ジンジャーカレー竜田揚げ

●材料（1人分）

かじきの切り身（3等分に切り、水けをふく）…1枚（100g）＊

A｜しょうゆ…大さじ½
　｜カレー粉…ひとつまみ
　｜しょうが（すりおろす）…小さじ½

片栗粉…大さじ1

揚げ油…適量

＊または、生鮭やぶりなどで作っても

① ポリ袋にA、かじきを入れて軽くもみ込み、空気を抜いて10分おく。

② フライパンに揚げ油を1.5cm入れて中温（180℃）に熱し、❶に片栗粉をにぎるようにまぶして片面1分30秒ずつカラリと揚げ、バットに立てかけるようにしてしっかり油をきる。

わかめの卵焼き

●材料（1人分）

卵…1個

A｜片栗粉…小さじ½
　｜水…大さじ1
　｜塩…少々

わかめ（乾燥・水で戻し、粗みじん切り）…大さじ1

しょうが（すりおろす）…小さじ½

ごま油…小さじ1

① ボウルにAを混ぜ、卵を加えて溶きほぐし、わかめ、しょうがを混ぜる。

② 卵焼き器にごま油を熱し、❶を入れて中火で混ぜながらゆるいスクランブルエッグ状にし、底が固まったら手前に3回巻き、形を整えながら弱火で片面1分ずつ焼く。あれば巻きすで形を整え、3等分に切る。

かぶの塩昆布漬け

●材料（1人分）

かぶ（皮ごと薄い輪切りにし、
　茎は1cm幅に切る）…大½個

塩昆布…大さじ1

① かぶは塩昆布を加えて軽くもみ、10分おく。

＊ごはんに黒いりごまをふり、梅干しをのせる

●作り方（共通）

① ポリ袋にA、かじきを入れて軽くもみ込み、空気を抜いて10分おく。

② フライパンに揚げ油を1.5cm入れて中温（180℃）に熱し、❶に片栗粉をにぎるようにまぶして片面1分30秒ずつ揚げ、しっかり油をきる。

ねぎ塩竜田揚げ

万能ねぎの風味を塩味で生かし、ごま油でコクを加えます。

●材料（1人分）

かじきの切り身（3等分に切り、水けをふく）…1枚（100g）

A
- 塩…小さじ⅓
- ごま油…小さじ1
- 万能ねぎ（小口切り）…1本
- しょうが（すりおろす）…小さじ½

片栗粉…大さじ1

揚げ油…適量

みそ七味竜田揚げ

ごはんがすすむ濃厚みそ味に、七味をピリッときかせて。

●材料（1人分）

かじきの切り身（3等分に切り、水けをふく）…1枚（100g）

A
- みそ…大さじ½
- みりん…小さじ1
- しょうが（すりおろす）…小さじ½
- 七味唐辛子…少々

片栗粉…大さじ1

揚げ油…適量

★仕上げに七味唐辛子少々（分量外）をふる

ごまコチュジャン竜田揚げ

ピリ辛のコチュジャンで韓国風。カリカリのころもが絶品！

●材料（1人分）

かじきの切り身（3等分に切り、水けをふく）…1枚（100g）

A
- コチュジャン…大さじ½
- しょうゆ、白いりごま…各小さじ1

片栗粉…大さじ1

揚げ油…適量

かじきの竜田揚げ弁当③

ねぎとしょうがの香りをきかせた塩味の竜田揚げは、白いごはんがすすむ味。
卵焼きにはキムチの辛みとマヨのコクを加えて、食べごたえは十分です。
レンチンきんぴらは、オイスターソースで濃厚なうまみにします。

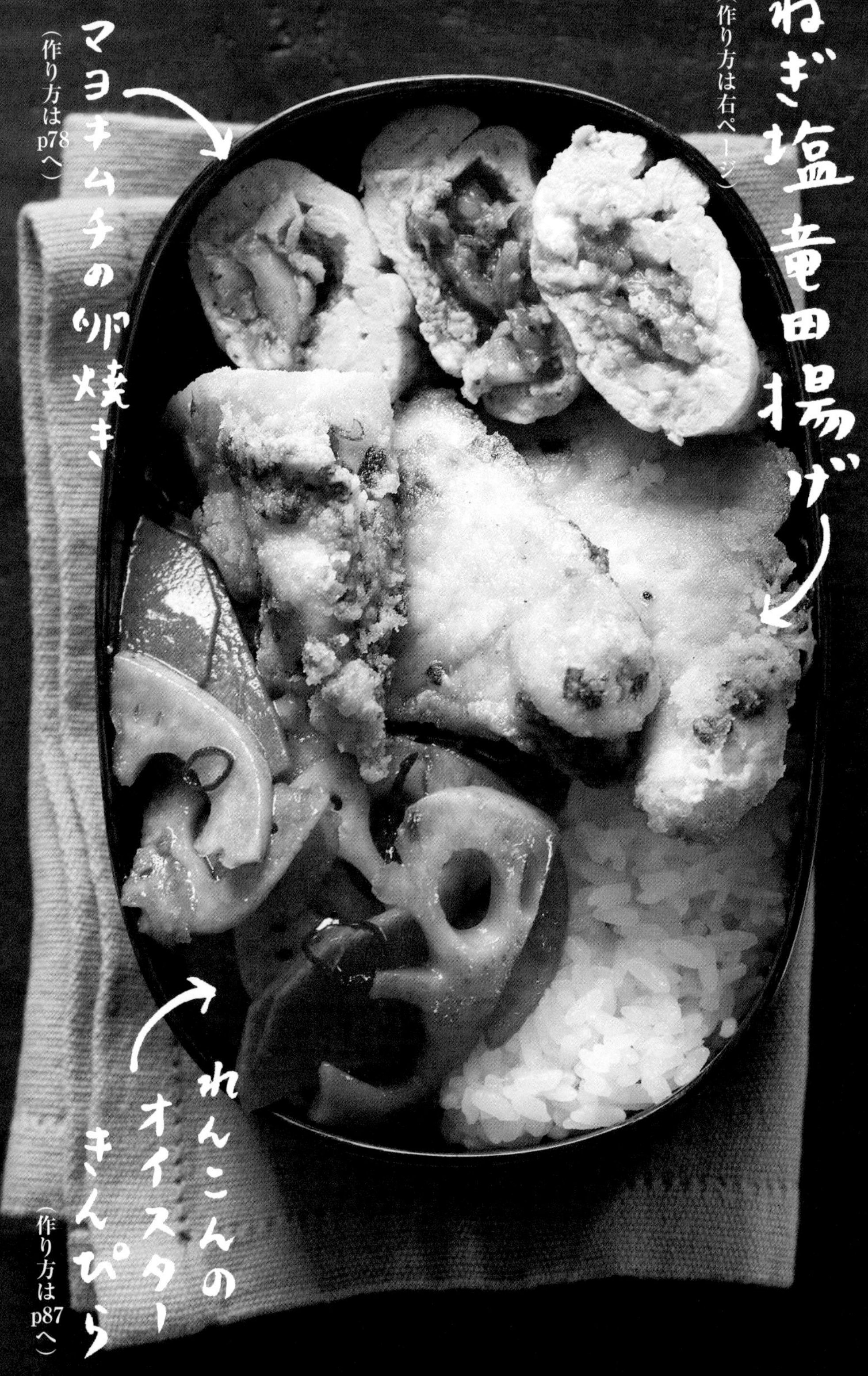

（作り方は右ページ）
（作り方はp78へ）
（作り方はp87へ）

レンチンで作れるらくらく弁当

豚こまのトンテキ弁当

豚こま切れ肉を丸めてボリュームを出した、ぐっと手軽なトンテキ弁当です。これならレンチンで作っても、肉はふんわり、やわらか！　肉にまぶす片栗粉で、たれにほどよくとろみをつけます。ごまあえは、アスパラやいんげんでも。

⇒作り方はp70へ

ささみロール弁当

ささみはラップでキャンディ包みにして加熱すると、余分な水分が出ず、
片栗粉のおかげで冷めてもしっとり。ほのかなカレー風味が美味です。
ブロッコリーは、手頃な価格の生ハムを巻いてチン。味つけいらずです。

⇒作り方はp70へ

揚げる＋あんを作る手間を、一気にレンチンで！　団子状に丸めたひき肉をたれにのせて加熱するだけで、甘酢あんがとろりとからんだ本格的な味わいに。ブロッコリーは、マヨの酸味と粉チーズのコクでクリーミーに仕上がります。

⇒作り方はp71へ

肉団子の甘酢あん弁当

えびのチリソース煮弁当

えびは片栗粉でもんで洗い、くさみをとるのが先決。あとは片栗粉をまぶし、たれにのせてチンで、えびはプリプリ、チリソースもからんで極上の味！
ピーマンのウインナは、薄めに切ってうまみを全体にからめます。

⇒作り方はp71へ

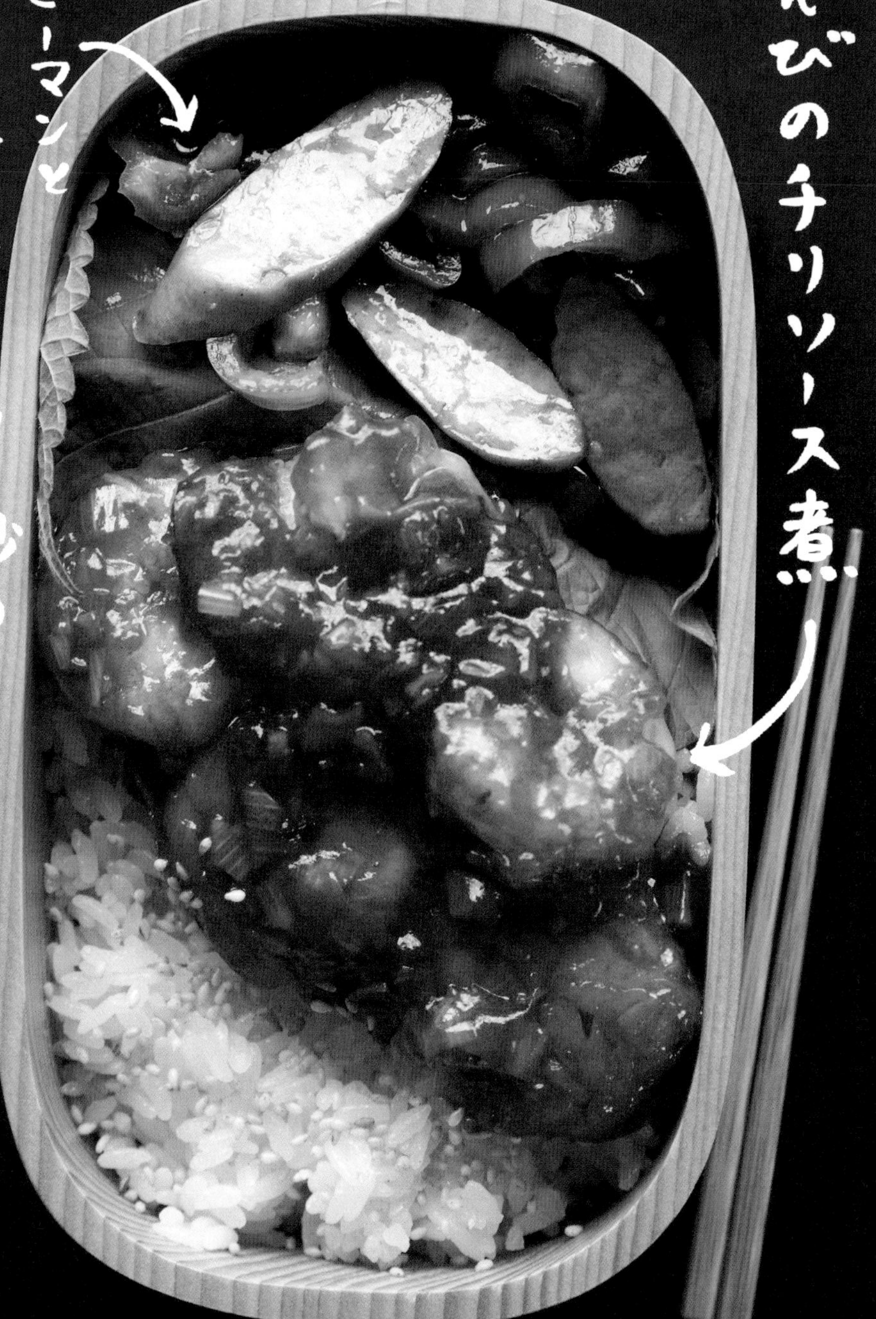

豚こまのトンテキ

●材料（1人分／3個）

豚こま切れ肉 … 100g

A｜塩 … ひとつまみ
　｜しょうが（すりおろす）… 小さじ½

片栗粉 … 大さじ½

B｜みりん … 大さじ1
　｜しょうゆ、水 … 各大さじ½

① 豚肉はAをもみ込み、3等分して
直径6cmの平たい丸形にまとめ、
片栗粉をまぶす。

② 耐熱皿にBを混ぜ、❶を間隔をあけてのせ、
ラップをふんわりかけて電子レンジで
1分30秒、裏返して1分加熱し、
そのまま1分蒸らしてたれをからめる。

ししとうの黒ごまあえ

●材料（1人分）

A｜ししとう（ようじで2か所
　｜　穴をあける）… 4本（20g）
　｜しょうゆ、砂糖
　｜　… 各小さじ½

黒すりごま … 大さじ½

① 耐熱ボウルにAを混ぜ、
ラップをふんわりかけて
電子レンジで1分加熱し、
すりごまを混ぜる。

＊ごはんにごま塩をふり、
たくあんをのせる

ささみロール

●材料（1人分／2個）

鶏ささみ（筋を除き、左右に開いて
　厚みを均一にする）… 2本（120g）

A｜塩 … 小さじ½
　｜カレー粉 … 小さじ¼
　｜片栗粉 … 大さじ1

にんじん（せん切り）… ¼本

いんげん（長さを半分に切る）… 2本

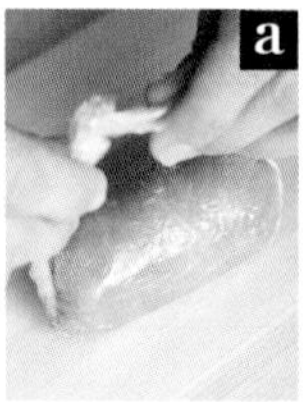

① ささみは上面にAをふり、
手前ににんじん、いんげんをのせて
きつめにくるくる巻き、ラップで包んで
両端をねじって空気を抜き、上でしばる（a）。

② 耐熱皿に❶をのせて
電子レンジで3分加熱し、そのまま
1分蒸らし、冷めたら半分に切る。
＊熱いうちに切ると、くずれるので注意して

ブロッコリーと生ハムの温サラダ

●材料（1人分）

ブロッコリー … 3房（50g）

生ハム … 3枚

黒こしょう … 少々

① ブロッコリーの茎に生ハムを巻き、
耐熱皿にのせ、ラップをふんわり
かけて電子レンジで1分加熱し、
そのまま1分蒸らして
黒こしょうをふる。

＊ごはんにちりめん山椒をのせる

肉団子の甘酢あん

●材料（1人分／5個）

A
- 豚ひき肉 … 100g
- 玉ねぎ（みじん切り）… $\frac{1}{8}$個
- パン粉 … 大さじ2
- マヨネーズ … 大さじ1
- 片栗粉 … 小さじ1
- 塩、黒こしょう … 各少々

B
- ケチャップ、水 … 各大さじ1$\frac{1}{2}$
- しょうゆ … 大さじ$\frac{1}{2}$
- 酢（あればりんご酢）… 小さじ1
- 片栗粉 … 小さじ$\frac{1}{2}$

① ボウルにAを入れて手でよく混ぜ、5等分して直径3cmに丸める。

② 耐熱皿にBを混ぜ、❶を間隔をあけてのせ、ラップをふんわりかけて電子レンジで1分30秒、裏返して1分30秒加熱し、そのまま1分蒸らしてたれをからめる。

ブロッコリーと粉チーズのサラダ

●材料（1人分）

- ブロッコリー（縦半分に切る）… 3房（50g）
- 粉チーズ、マヨネーズ … 各大さじ1
- バジル（ドライ）… 小さじ$\frac{1}{4}$

① 耐熱ボウルに材料をすべて入れて混ぜ、ラップをふんわりかけて電子レンジで1分加熱し、よく混ぜる。

＊ごはんにゆかりをふる

えびのチリソース煮

●材料（1人分）

- むきえび … 大5尾（80g）
- 片栗粉 … 小さじ1

A
- スイートチリソース、ケチャップ … 各大さじ1
- しょうゆ、ごま油 … 各小さじ1
- 長ねぎ（粗みじん切り）… 5cm

① えびは片栗粉大さじ1（分量外）でもみ、水で洗って水けをふき、片栗粉をまぶす。

② 耐熱皿にAを混ぜ、❶を重ならないようにのせ、ラップをふんわりかけて電子レンジで2分30秒加熱し、そのまま1分蒸らしてざっくり混ぜる。

ピーマンとウインナのオイスター炒め

●材料（1人分）

A
- ピーマン（横7mm幅に切る）… 1個
- オイスターソース、ごま油 … 各小さじ$\frac{1}{2}$

- ウインナ（斜め薄切り）… 1本

① 耐熱ボウルにAを混ぜ、ウインナをのせ、ラップをふんわりかけて電子レンジで40秒加熱し、よく混ぜる。

＊ごはんに白いりごまをふる

ピーマンは肉だねを下にして加熱するのがポイントで、たれが肉によくからみ、焼いたようなコクのある仕上がりに。レンチンで作れるふわふわオムレツは、ベーコンやコーン、しらすを入れても。にんじんは、くるみがアクセントです。

ピーマンの肉詰め弁当

鶏肉とパプリカのガパオ風弁当

鶏肉とパプリカのガパオ風

●材料（1人分）

鶏むね肉（4cm角の薄いそぎ切り）… ½枚（150g）
片栗粉 … 大さじ½
パプリカ（赤、黄・乱切り）… 各⅙個
A　オイスターソース … 大さじ1
　　しょうゆ、砂糖 … 各小さじ1

1. 鶏肉は片栗粉をまぶす。
2. 耐熱皿にAを混ぜ、パプリカ、❶の順にそれぞれ重ならないようにのせ、ラップをふんわりかけて電子レンジで2分30秒加熱し、たれをからめる。

ポイント

耐熱皿にたれを入れたら、パプリカ→鶏肉の順にそれぞれ重ならないようにのせる。こうすると肉に火が通りやすくなり、野菜には肉のうまみが移る。

目玉焼き

●材料（1人分）

卵 … 1個
塩 … 少々

1. 小さめの耐熱ボウルにラップを敷いて卵を割り入れ、黄身をようじで3か所刺し、水大さじ1を回しかける。ラップをふんわりかけて電子レンジで50秒加熱し、冷めたらラップをはがして塩をふる。
＊50秒以上加熱すると、破裂することがあるので注意して

かぶときゅうりのジンジャーレモン漬け

●材料（1人分）

A　かぶ（皮ごと薄い半月切り）… 大½個
　　きゅうり（薄い小口切り）… ⅓本
　　塩 … ひとつまみ
B　レモン汁 … 小さじ1
　　しょうが（すりおろす）… 小さじ⅓
　　黒こしょう … 少々

1. ポリ袋にAを入れて軽くもみ、しんなりしたら水けを絞り、Bを混ぜる。汁けを軽くきって詰める。

卵焼きバリエ

●作り方(共通)

① ボウルにAを順に混ぜ、卵を加えて溶きほぐし、あればBを混ぜる。

② 卵焼き器にサラダ油を熱し、❶を入れて中火で混ぜながら
ゆるいスクランブルエッグ状にし、底が固まったら
手前に3回巻き、形を整えながら弱火で片面1分ずつ焼く。
あれば巻きすで形を整え、3等分に切る(p8参照)。

桜えびの卵焼き

桜えびはチンして特有のにおいを消し、しょうがで香りよく。

●材料(1人分)

卵…1個
A | 片栗粉…小さじ½
水…大さじ1
はちみつ…大さじ½
塩…ひとつまみ
B | 桜えび(乾燥)…ひとつまみ
しょうが(すりおろす)…小さじ⅓
サラダ油…小さじ1
★Bの桜えびは耐熱ボウルに入れ、ラップをかけずに
電子レンジで30秒加熱し、しょうがを混ぜておく

江戸前卵焼き

砂糖としょうゆで甘めに仕上げた、昔ながらの味わい。

●材料(1人分)

卵…1個
A | 片栗粉、しょうゆ…各小さじ½
水…大さじ1
砂糖…小さじ1
サラダ油…小さじ1

塩昆布の卵焼き

塩昆布は刻んで風味を移して。昆布のつくだ煮で作っても。

●材料(1人分)

卵…1個
A | 片栗粉…小さじ½
水…大さじ1
はちみつ…大さじ½
塩…少々
B | 塩昆布(粗く刻む)…大さじ1
サラダ油…小さじ1

カリカリ梅の卵焼き

カリカリ梅の酸味と食感がアクセント。赤い色が映えます。

●材料（1人分）

卵 … 1個
A｜片栗粉 … 小さじ½
　｜水 … 大さじ1
B｜カリカリ梅（種を除き、粗く刻む）… 4個
　｜白いりごま … 小さじ1
サラダ油 … 小さじ1

チーちくの卵焼き

ちくわは丸ごと巻いてボリューム感を。切り口もキュート。

●材料（1人分）

卵 … 1個
A｜片栗粉 … 小さじ½
　｜水 … 大さじ1
　｜塩 … 少々
ちくわ … 1本
プロセスチーズ（あればチェダー・細切り）… 10g
サラダ油 … 小さじ1
★ゆるいスクランブルエッグ状になったら、穴にチーズを詰めたちくわを向こう側にのせて巻き、片面1分30秒ずつ焼く

魚肉ソーセージの卵焼き

色がかわいいソーセージ、切らずに巻けば食べごたえ満点。

●材料（1人分）

卵 … 1個
A｜片栗粉 … 小さじ½
　｜水 … 大さじ1
　｜塩 … 少々
B｜パセリ（みじん切り・またはドライ）… 小さじ¼
魚肉ソーセージ … ½本
サラダ油 … 小さじ1
★ゆるいスクランブルエッグ状になったら、魚肉ソーセージを向こう側にのせて巻き、片面1分30秒ずつ焼く

●作り方(共通)

1. ボウルにAを順に混ぜ、卵を加えて溶きほぐし、あればBを混ぜる。
2. 卵焼き器に油(またはバター)を熱し、❶を入れて中火で混ぜながらゆるいスクランブルエッグ状にし、底が固まったら手前に3回巻き、形を整えながら弱火で片面1分ずつ焼く。あれば巻きすで形を整え、3等分に切る(p8参照)。

マヨキムチの卵焼き

ピリ辛のキムチは、マヨのコクでマイルドな味わいに。

●材料(1人分)

卵…1個
A ｜片栗粉…小さじ½
　｜水…大さじ1
　｜マヨネーズ…大さじ½
白菜キムチ(粗く刻む)…大さじ2
ごま油…小さじ1
★ゆるいスクランブルエッグ状になったら、キムチを向こう側に横一列にのせて巻き、片面1分30秒ずつ焼く

すりおろしにんじんの卵焼き

にんじんの甘み+バターで風味よく。オレンジ色も鮮やか。

●材料(1人分)

卵…1個
A ｜牛乳…大さじ1
　｜片栗粉…小さじ½
　｜にんじん(すりおろす)…2cm(20g)
　｜塩…ひとつまみ
バター…小さじ1

はちみつレモンの卵焼き

レモン汁は冷めてからかけ、フレッシュな香りを生かして。

●材料(1人分)

卵…1個
A ｜片栗粉…小さじ½
　｜水…大さじ1
　｜はちみつ…大さじ½
　｜塩…ひとつまみ
サラダ油…小さじ1
レモン汁…少々
★焼いて切ってからレモン汁をかける

カレーマヨの卵焼き

スパイシーなカレーの香りに、マヨネーズのコクをプラス。

●材料（1人分）

卵…1個

A｜片栗粉…小さじ½
｜水…大さじ1
｜カレー粉…ひとつまみ
｜マヨネーズ…大さじ½

オリーブ油…小さじ1

ダブルチーズの卵焼き

粉チーズとプロセスチーズを使い、チーズ感たっぷりに。

●材料（1人分）

卵…1個

A｜片栗粉…小さじ½
｜水、粉チーズ…各大さじ1
｜塩…少々

B｜パセリ（みじん切り）…小さじ1＊

プロセスチーズ（あればチェダー・細切り）…10g

オリーブ油…小さじ1

＊またはドライパセリ少々

★底が固まったら、チーズを向こう側にのせて巻く

きのこの卵焼き

きのこのうまみがぎゅっ。エリンギ、しいたけで作っても。

●材料（1人分）

卵…1個

A｜片栗粉…小さじ½
｜水…大さじ1
｜塩、黒こしょう…各少々

しめじ（粗みじん切り）…⅓パック（約30g）

マヨネーズ…大さじ½

オリーブ油…小さじ1

★耐熱ボウルにしめじ、マヨネーズを混ぜ、ラップをふんわりかけて電子レンジで50秒加熱し、粗熱をとる。これにA、卵の順に混ぜて卵液にし、同様に作って片面1分30秒ずつ焼く

オムレツバリエ

●作り方（共通）

① ボウルにAを混ぜ、卵を加えて溶きほぐし、あればBを混ぜる。

② フライパンにオリーブ油を熱し、❶を入れて中火で混ぜながらゆるいスクランブルエッグ状にし、小さいオムレツ形にまとめて弱火で片面1分ずつ焼き、斜め半分に切る。

オニオンベーコンオムレツ

玉ねぎとベーコンは先に炒め、うまみを凝縮させます。

●材料（1人分）

卵…1個
A｜牛乳…大さじ1
　｜片栗粉…小さじ½
玉ねぎ（ごく薄切り）…⅛個
ベーコン（5mm幅に切る）…½枚
塩…少々
オリーブ油…小さじ1
★まず玉ねぎ、ベーコンに塩をふってオリーブ油でしんなり炒めたら、卵液を流し入れて同様に焼く

ツナコーンカレーオムレツ

カレー風味で冷めてもおいしく。コーンの甘さも合います。

●材料（1人分）

卵…1個
A｜牛乳…大さじ1
　｜片栗粉…小さじ½
　｜カレー粉…ひとつまみ
　｜塩…少々
B｜ツナ（汁けをきる）…小⅓缶（約20g）
　｜ホールコーン（缶詰・汁けをふく）…大さじ2
オリーブ油…小さじ1

きのことウインナのオムレツ

しめじ、ウインナは炒めて卵液と合わせ、コクを加えて。

●材料（1人分）

卵…1個
A｜牛乳…大さじ1
　｜片栗粉…小さじ½
　｜塩…少々
しめじ（粗く刻む）…⅓パック（約30g）
ウインナ（5mm幅の輪切り）…1本
オリーブ油…小さじ1
★まずしめじ、ウインナをオリーブ油でしんなり炒めたら、卵液を流し入れて同様に焼く

味玉バリエ

●作り方（共通）

① 卵は酢少々（分量外）を加えた熱湯で煮立ってから中火で9分ゆで、冷水にとって冷まし、殻をむく。

② ポリ袋にAを混ぜ、水けをふいた❶を加えて空気を抜き、軽くもみ込んで15分おく。縦半分に切り、つけ汁をかける。

台湾風味玉

オイスターソースのうまみとシナモンで、台湾風の味に。

●材料（1人分）

卵…1個

A｜オイスターソース、しょうゆ、水…各小さじ1＊
　｜シナモン…少々

＊ひと晩漬ける場合は、水を大さじ1にふやして

カレー味玉

カレー+ソースで、縁日の屋台で食べる焼きそば風。

●材料（1人分）

卵…1個

A｜中濃ソース、しょうゆ、水…各小さじ1＊
　｜カレー粉…小さじ¼

＊ひと晩漬ける場合は、水を大さじ1にふやして

スイートチリ味玉

甘辛いチリソースに、バジルの香りを加えたエスニック味。

●材料（1人分）

卵…1個

A｜スイートチリソース…大さじ½
　｜しょうゆ、水…各小さじ1＊
　｜バジル（ドライ）…少々

＊ひと晩漬ける場合は、水を大さじ1にふやして

レンチン&切るだけの野菜のおかず

ブロッコリーのナムル

ナムルでもにんにくは使わず、ごま油とごまで香りよく。

●材料（1人分）

ブロッコリー（縦半分に切る）…3房（50g）
A｜ごま油…小さじ½
　｜塩…ひとつまみ
白いりごま…小さじ½

① 耐熱ボウルにブロッコリーを入れ、Aを回しかけ、ラップをふんわりかけて電子レンジで1分加熱し、いりごまを混ぜる。

ブロッコリーとウインナのカレー炒め

ウインナが味の決めて。カレー風味がよく合います。

●材料（1人分）

ブロッコリー（縦半分に切る）…3房（50g）
ウインナ（斜め薄切り）…1本
A｜オリーブ油…小さじ1弱
　｜塩…ひとつまみ
　｜カレー粉、黒こしょう…各少々

① 耐熱ボウルにブロッコリー、ウインナの順に入れ、ラップをふんわりかけて電子レンジで1分加熱し、Aを混ぜる。

ブロッコリーとじゃこのポン酢マリネ

じゃことポン酢でさっぱりと和風に。粉山椒がアクセント。

●材料（1人分）

A｜ブロッコリー（縦半分に切る）…3房（50g）
　｜ちりめんじゃこ…大さじ½
　｜粉山椒…少々
B｜ポン酢じょうゆ、オリーブ油…各小さじ1

① 耐熱ボウルにAを混ぜ、ラップをふんわりかけて電子レンジで1分加熱し、Bを混ぜる。

アスパラとベーコンの粒マスタード炒め

粒マスタードの酸味とバターで、炒めたような深いコクに。

●材料（1人分）

A｜グリーンアスパラ（下のかたい皮をむき、3cm幅に切る）… 2本（50g）
　｜粒マスタード … 小さじ1
ベーコン（2cm幅に切る）… 1枚
バター … 小さじ1

① 耐熱ボウルにAを混ぜ、ベーコンをのせ、ラップをふんわりかけて電子レンジで1分加熱し、熱いうちにバターを混ぜる。

にんじんしりしり

甘辛味+削り節ならうまみたっぷり。ごはんがすすむ味。

●材料（1人分）

A｜にんじん（せん切り）… ⅓本（50g）
　｜砂糖 … 小さじ1
　｜しょうゆ … 小さじ½
B｜削り節 … 1袋（2.5g）
　｜ごま油 … 小さじ½

① 耐熱ボウルにAを混ぜ、ラップをふんわりかけて電子レンジで1分30秒加熱し、Bを混ぜる。

にんじんとしめじの煮びたし

削り節のだしがおいしさの秘密。いんげん、アスパラでも。

●材料（1人分）

A｜にんじん（短冊切り）… ⅙本（25g）
　｜しめじ（ほぐす）… ⅓パック（約30g）
　｜削り節 … 1袋（2.5g）
　｜みりん … 小さじ1
　｜しょうゆ … 小さじ½
　｜水 … 大さじ1
白いりごま … 小さじ½

① 耐熱ボウルにAを混ぜ、ラップをふんわりかけて電子レンジで2分加熱し、粗熱がとれたらいりごまを混ぜる。

いんげんとベーコンの塩炒め

ベーコンの塩けとうまみで、食べごたえを出すのがミソ。

●材料（1人分）

いんげん（4等分に切る）…3本（30g）
ベーコン（1cm幅に切る）…½枚
A｜オリーブ油…小さじ½
　｜塩、黒こしょう…各少々

① 耐熱ボウルにいんげん、ベーコンの順に入れ、ラップをふんわりかけて電子レンジで1分加熱し、Aを混ぜる。

いんげんのハニーピーナッツバターあえ

濃厚なピーナッツバターを、しょうゆでごはんに合う味に。

●材料（1人分）

いんげん（3等分に切り、水にくぐらせる）…4本（40g）
A｜ピーナッツバター（微糖のもの・粒入り）…大さじ1＊
　｜はちみつ…小さじ1
　｜しょうゆ…小さじ½
＊「スキッピー」を使用

① 耐熱ボウルにいんげんを入れ、ラップをふんわりかけて電子レンジで1分加熱し、粗熱がとれたら水けをきり、混ぜたAを加えてあえる。

オクラのごまおかかあえ

削り節+白ごまのふりかけ風。ごはんにのせてどうぞ。

●材料（1人分）

A｜オクラ（塩少々をまぶして板ずりし、さっと洗って
　｜　ガクをむき、ようじで3か所穴をあける）…3本（30g）
　｜削り節…1袋（2.5g）
　｜塩…ひとつまみ
白いりごま…小さじ⅓

① 耐熱ボウルにAを混ぜ、ラップをふんわりかけて電子レンジで1分加熱し、いりごまを混ぜる。

ピーマンのしょうがみそ炒め

みそとしょうがで炒めれば、つくだ煮っぽい味に。

●材料（1人分）

ピーマン（横1cm幅に切る）…1個
ごま油…小さじ1
みそ…小さじ½
しょうが（すりおろす）…小さじ⅓

① 耐熱ボウルに材料をすべて入れて混ぜ、ラップをふんわりかけて電子レンジで30秒加熱し、よく混ぜる。

キャベツとにんじんの和風コールスロー

野菜は塩でしんなりさせ、マヨと白すりごまでコク深く。

●材料（1人分）

キャベツ（せん切り）…1枚
にんじん（せん切り）…1cm
塩…少々
A｜マヨネーズ、白すりごま…各大さじ½

① キャベツ、にんじんは塩をふって軽くもみ、しんなりしたら水けを絞り、Aを混ぜる。

キャベツとザーサイのごま油あえ

塩もみキャベツに、ザーサイのうまみをからめた中華風。

●材料（1人分）

キャベツ（1cm幅に切る）…1枚
塩…少々
A｜味つきザーサイ（ざく切り）…⅕びん（20g）
　｜ごま油、白いりごま…各小さじ½

① キャベツは塩をふって軽くもみ、しんなりしたら水けを絞り、Aを混ぜる。

小松菜とえのきのからしじょうゆあえ

えのきで味からみをよく。からしじょうゆであと味さっぱり。

●材料（1人分）

小松菜（食べやすく切る）… 1株（50g）
えのきだけ（半分に切ってほぐす）… 1/4袋（25g）
A｜しょうゆ … 小さじ1
　｜練りがらし … 小さじ1/3

① 耐熱ボウルにA、小松菜とえのきの順に混ぜ、ラップをふんわりかけて電子レンジで1分加熱し、よく混ぜる。

白菜とツナのレモンあえ

レモンがさわやかなサラダ風のあえもの。キャベツでも。

●材料（1人分）

白菜（横5mm幅に切る）… 1/2枚（50g）
塩 … 少々
A｜ツナ缶（汁けをきる）… 小1/3缶（約20g）
　｜レモン（ワックス不使用のもの・8等分のいちょう切り）… 薄切り1枚

① 白菜は塩をふって軽くもみ、しんなりしたら水けを絞り、Aを混ぜる。汁けを軽くきって詰める。

ポテトサラダ

ポテトはサイコロ状でかわいく。もちろんつぶしても◎。

●材料（1人分）

じゃがいも（1cm角に切る）… 小1個（80g）
ウインナ（5mm幅の輪切り）… 1本
A｜マヨネーズ … 大さじ1
　｜パセリ（粗みじん切り）… 少々

① 耐熱ボウルにじゃがいも、ウインナの順に入れ、ラップをふんわりかけて電子レンジで1分30秒加熱し、そのまま1分蒸らし、粗熱がとれたらAを混ぜる。

れんこんのオイスターきんぴら

オイスターソースでコクと香ばしさを。ごぼうで作っても。

●材料（1人分）

れんこん（皮ごと薄い半月切りにし、
水にさらして水けをふく）… 1cm（50g）
にんじん（薄い半月切り）… 2cm（20g）
A | オイスターソース … 大さじ½
ごま油 … 小さじ1
しょうゆ … 小さじ½
赤唐辛子（小口切り）… ¼本

① 耐熱ボウルにA、れんこんとにんじんの順に混ぜ、ラップをふんわりかけて電子レンジで1分30秒加熱し、よく混ぜる。

さつまいものはちみつレモン煮

さつまいもはチンしてしっとり、はちみつでやさしい味に。

●材料（1人分）

さつまいも（皮ごと1cm幅の輪切りにし、さっと洗う）
… 小4cm（35g）＊
塩 … ひとつまみ
A | はちみつ … 大さじ½
レモン汁 … 小さじ⅓
＊太ければ半月、またはいちょう切りにして

① 耐熱ボウルにさつまいも（重ならないように）、ひたひたの水（約大さじ4）、塩を入れ、ラップをふんわりかけて電子レンジで1分30秒加熱し、そのまま3分蒸らして水けをきり、Aを混ぜる。ラップをかけて冷ます。

かぼちゃとレーズンのサラダ

レーズンの甘みと酸味のおかげで、味つけはマヨだけ！

●材料（1人分）

かぼちゃ（皮を半分むき、2cm角に切る）
…5〜6cm角のもの2切れ（80g）
レーズン … 大さじ1
A | マヨネーズ … 大さじ½
黒こしょう … 少々

① 耐熱ボウルにかぼちゃ、レーズンを入れ、ラップをふんわりかけて電子レンジで2分30秒加熱し、そのまま1分蒸らして水けをきり、粗熱がとれたらAを混ぜる。

上島亜紀（かみしま あき）

料理研究家。夫、社会人1年生の息子との3人暮らし。ジュニア・アスリートフードマイスター、パン講師、食育アドバイザー。神奈川県の自宅にて、料理教室「A's Table」を主宰。女性誌、テレビ、単行本でのレシピ提供、カフェや企業のレシピ監修などで活躍中。簡単に作れる家庭料理から、おもてなし料理まで幅広く提案。著書に『作りおきできる。がっつり！ごはんの友』（小社刊）、『考えなくていい 冷凍作りおき』『ちゃんと食べてる？親に届ける作りおきおかず』（ともにナツメ社）など。

アートディレクション・デザイン／小林沙織
撮影／木村 拓（東京料理写真）
スタイリング／大畑純子
調理アシスタント／柴田美穂
プリンティングディレクション／金子雅一（凸版印刷株式会社）

撮影協力／UTUWA
東京都渋谷区千駄ヶ谷3-50-11
明星ビルディング1F
☎03-6447-0070

取材／中山み登り
校閲／滄流社
編集／足立昭子

らく弁

著　者／上島亜紀
編集人／足立昭子
発行人／倉次辰男
発行所／株式会社 主婦と生活社
〒104-8357　東京都中央区京橋3-5-7
☎03-3563-5321（編集部）
☎03-3563-5121（販売部）
☎03-3563-5125（生産部）
https://www.shufu.co.jp
ryourinohon@mb.shufu.co.jp
印刷所／凸版印刷株式会社
製本所／株式会社若林製本工場
ISBN978-4-391-15563-1